Comment Hitchcock m'a guéri

Serge Tisseron

Comment Hitchcock m'a guéri

Que cherchons-nous dans les images ?

Albin Michel

Ouvrage publié sous la direction
de Mahaut-Mathilde Nobécourt

22, rue Huyghens, 75014 Paris
www.albin-michel.fr
ISBN : 2-226-14197-9

Préface

Il y a des moments où l'on est comme dans un rêve, des moments où l'on se sent à côté du monde. Ce qui se passe autour de nous ne paraît pas vraiment nous concerner. Nous sommes « du monde », certes, mais nous ne nous sentons pas « au monde ». Il y a des gens qui traversent leur vie dans un tel état. Ils y sont même tellement habitués qu'il ne leur viendrait pas à l'idée de pouvoir ressentir les choses autrement. On pourrait dire d'eux qu'ils sont « en état de vie apparente », un peu comme on dit de personnes dont toutes les fonctions vitales fonctionnent, mais dont l'électro-encéphalogramme est plat, qu'elles sont « en état de mort apparente ».

J'ai longtemps été ainsi. Et j'ai longtemps aussi hésité à publier ce livre. J'y parle en effet à la première personne sans recourir à l'artifice romanesque, ni à celui d'un « cas clinique » suffisamment proche de ma propre histoire pour que les glissements de l'un à l'autre restent invisibles aux lecteurs.

Depuis que j'ai conçu le projet de cet ouvrage, il y a

quatre ans, la mode de la confession intime s'est en outre répandue. Parler au nom du « je » est à l'ordre du jour, chacun désirant faire reconnaître et accepter ce qu'il estime être ses « richesses intérieures » par un nombre croissant de témoins[1]. Cette attitude, je n'y sacrifie pourtant pas ici. Si j'ai choisi de parler à la première personne de mon cheminement, c'est d'abord pour sensibiliser le lecteur à l'importance des images pour notre vie intérieure. Des images, c'est-à-dire aussi bien de celles qui nourrissent nos rêveries intimes que de celles dont notre environnement quotidien se remplit chaque jour un peu plus. Car, entre les unes et les autres, les rencontres et les échanges sont permanents, à tel point que la question principale des images concerne aujourd'hui les interrelations entre celles qui nous entourent et celles qui nous habitent.

Dans le film de Spielberg intitulé *Minority Report*, le héros entre dans des séquences d'images qui correspondent aux images intérieures d'un « médium » visionnaire, ou plutôt, au croisement des images intérieures de trois « médiums ». Il se déplace dans ces images comme on avancerait dans un territoire sans limites, dans lequel derrière chaque image s'en trouve une autre, puis une autre encore, et ainsi de suite, sans fin. Il s'agit bien entendu d'une métaphore de notre monde intérieur dans lequel chaque image en cache une autre, mais aussi de

---

1. J'ai pointé l'origine de cette attitude dans ce que j'ai appelé « un désir d'extimité » (*L'Intimité surexposée*, Paris, Ramsay, 2000 ; rééd. Hachette Littératures, 2001).

notre désir de pouvoir y entrer et nous y déplacer sans entrave. L'exploration trouve pourtant un point d'arrêt quand le héros découvre une image sur laquelle il se voit lui-même. Alors sa quête n'est plus celle de l'image d'un autre, mais de sa propre réalité. Et sa question principale se transforme : il ne s'agit plus pour lui de se laisser guider par ces images ou de les maîtriser pour connaître l'identité d'un criminel inconnu, mais de partir à la rencontre de lui-même.

Ce livre s'est fixé le même but. Le lecteur est invité à me suivre sur le chemin d'une image qui a bouleversé ma vie, et qui m'a sauvé. En fait, tout a commencé, comme dans *Minority Report,* par des images qui n'avaient pas été conçues pour m'impliquer aussi intimement puisqu'il s'agit des films d'Alfred Hitchcock. Longtemps, je m'y promenais sans savoir que les territoires où je m'aventurais ainsi n'étaient que le reflet, sur l'écran, de ceux que je portais en moi. Lorsque je l'ai compris, l'aventure n'a pas cessé pour autant. Entrer dans ses images intérieures et les explorer est une expérience bien aussi exaltante que d'aller au cinéma !

Mais, comme la plongée sous-marine ou l'alpinisme, l'exploration de soi nécessite souvent un guide qui indique les crevasses ou les gouffres qu'il est inutile et dangereux de vouloir explorer, et qui vienne en aide si nécessaire. Le mien était le psychanalyste Didier Anzieu, et ce livre est un peu un hommage que je lui rends en même temps qu'il prolonge le travail que j'ai fait avec lui. Ne me confia-t-il pas, la première fois que je le vis, compter sur moi pour lui permettre d'un peu mieux comprendre la place des images dans la vie psychique ? Il avait peu travaillé sur ce sujet, mais avait une manière de se comporter assez exceptionnelle pour un analyste : quand j'arrivais, il mettait ses lunettes et les gardait pendant tout le temps où je restais avec lui ! C'est très inhabituel dans la mesure où les psychanalystes ne sont censés travailler qu'avec la parole, celle de leur patient et la leur. À tel point qu'un jour, je lui posai la question : « J'ai remarqué que vous mettez toujours vos lunettes quand j'arrive. Puis-je vous demander pourquoi ? » Comme à son habitude, il me répondit sans hésiter : « Mais bien sûr, c'est pour mieux vous voir. » En fait, c'était pour mieux me tenir. La suite montra comment...

Première partie

L'image qui m'a sauvé

Avant d'entrer dans le vif de ma rencontre avec Hitchcock, une brève évocation de ce qui l'a précédée est nécessaire. En effet, avant que le « maître du suspense » ne ramène du fond de ma conscience un traumatisme enfoui, je pressentais depuis longtemps que quelque chose de terrible m'était arrivé. Et, à défaut de savoir précisément de quoi il s'agissait, j'avais imaginé que cela devait tourner autour de la mort brutale de mon grand-père paternel, quand j'avais deux ans et demi...

J'ai longtemps cru...

Mes parents évoquaient souvent le souvenir de mon grand-père, à la fois pour me dire combien il était attaché à moi et comme sa disparition les avait affligés. Bref, il était évident que sa mort ne m'avait pas seulement privé d'un interlocuteur exceptionnel, elle avait également frappé de tristesse l'ensemble de ma famille, la rendant ainsi moins disponible à moi. L'enfant jeune se considère volontiers comme responsable de tout ce qu'il observe chez ses proches. On dit parfois de lui qu'il se prend pour le centre du monde, sans se rendre compte que cette disposition est la source de bien plus d'angoisses que de satisfactions ! Bref, j'avais probablement vécu ce repli soudain de mes proches sur eux-mêmes comme une punition pour quelque faute imaginaire.

James Matthew Barrie, le créateur de *Peter Pan*, a raconté comment le repli de sa mère sur elle-même, à la suite de la mort de son petit frère, l'avait irrémédiablement projeté dans un monde de culpabilité. Son héros est né de cette solitude. Peter Pan est à jamais retranché du monde des adultes tout comme Matthew Barrie a vécu sa vie entière le sentiment douloureux d'être retranché de ses semblables[1]. Avais-je vécu – toutes proportions gardées bien entendu – un traumatisme identique autour de la mort de mon grand-père ?

Un terrible sentiment d'abandon

Ce grand-père – qui se prénommait Albert – mourut dans une chambre de l'appartement que mes grands-parents partageaient avec mes parents. Il était gravement malade des suites de la guerre de 1914-1918 et restait à s'occuper de moi à la maison, avec ma grand-mère. Contrairement à mon autre grand-père que je voyais peu et qui me terrorisait, celui-ci occupait, dans mon quotidien et dans mes pensées, une place considérable. J'ai le souvenir (est-il inventé ?) que, vers l'âge de dix ans, ma mère me confia un jour que c'était lui qui avait choisi mon prénom « parce qu'il lui rappelait la révolution russe ». Mais quand, à l'adolescence, j'essayai d'avoir confirmation de ce fait, elle ne s'en souvenait pas. En tout cas, quelle que soit la part qu'il ait prise dans la décision de l'unique prénom que je porte, ses genoux sont les seuls sur lesquels je me souviens d'être monté avec autant de bonheur. Le souvenir du tissu bleu et rugueux de sa salopette de travail m'est toujours resté. Il avait d'ailleurs construit de ses mains le petit lit où j'avais passé mes

1. Voir Kathleen Kelley-Lainé, *Peter Pan ou l'enfant triste*, Paris, Calmann-Lévy, 1992.

premiers mois et je trouvais, dans son giron, un autre berceau. Il est décédé quand j'avais deux ans et demi. Si l'événement était survenu quelques années plus tard, j'aurais sans doute constitué un autre symptôme. À cinq ans par exemple, la rivalité où j'aurais été avec lui pour capter l'attention de ma grand-mère aurait peut-être donné à mon deuil un tour plus « œdipien » : j'aurais alors probablement été partagé entre la tristesse d'avoir perdu une sorte de père et la satisfaction coupable d'avoir vu disparaître un rival. Mais à deux ans et demi, c'est le sentiment d'abandon qui domine tout...

À l'origine de trois passions

Mes parents jugèrent bon de me tenir à l'écart de la chambre où il agonisait. En d'autres temps et dans un autre milieu social, les parents de Bertha Pappenheim – plus connue en psychanalyse sous le nom d'« Anna O. » – avaient cru eux aussi opportun de tenir la jeune fille à l'écart de son père mourant, avec les résultats catastrophiques qu'on sait ! Ce fut pour elle le point de départ de troubles psychiques graves que Freud immortalisa dans l'un des récits de ses *Cinq Psychanalyses* et dont il fit le point de départ de sa théorie des névroses hystériques. J'eus plus de chance avec mon propre symptôme. Je ne développai pas diverses formes de paralysies et de paresthésies comme Bertha Pappenheim, mais « seulement » l'angoisse que la chambre où mon grand-père était mort, ou plus exactement le renfoncement sombre qui permettait d'y accéder, continue d'être habité par son fantôme. Enfant, je ne passais jamais devant ce réduit sans une angoisse mêlée d'excitation : *il* allait surgir, se précipiter vers moi, me serrer dans ses bras et m'emmener *là-bas*, dans l'autre monde, en passant par le mur du fond de la penderie où j'imaginais qu'il existait une porte secrète lui permettant d'aller et de venir en toute liberté. *Il* m'emmènerait alors dans le lointain « pays des âmes », puisqu'une institutrice catholique qui partageait notre appartement m'avait expliqué que c'était sous cette forme que les disparus continuaient à nous rester proches. Mais ces rêves de retrouvailles terrifiantes – car j'avais beaucoup d'inquiétude à imaginer « l'âme » de mon grand-père surgissant de derrière les manteaux suspendus – ne furent pas la seule fixation que je développai après ce décès. Il y en eut au moins deux autres.

Tout d'abord, je devins amoureux d'un mot. Je le découvris, lorsque je commençai à savoir lire, sur un petit camion en modèle réduit que j'avais reçu pour Noël. Était-ce moi qui avais choisi ce cadeau parmi tous les autres possibles ou bien la décision en revenait-elle à mes parents ? Je ne m'en souviens pas. Mais le plus probable est que mon père et ma mère tombèrent vite d'accord avec moi pour m'acheter, parmi tous les jouets possibles, justement celui-ci : un camion bleu marine – rappelons que mon grand-père, qui était ouvrier, était souvent vêtu d'une salopette bleue... – portant sur sa bâche, en grosses lettres carrées jaunes, le nom de la marque : « Calberson ». Ce camion devint très vite pour moi ce que Winnicott a appelé un « objet transitionnel ». Il n'était ni doux ni mou comme un « doudou », mais je l'emportais partout avec moi, le caressais, le faisais rouler pour courir derrière et, surtout, surtout, je le contemplais longuement, sans rien comprendre à la fascination qui m'attachait à lui. Parfois même, je déchiffrais à haute voix le mot écrit sur la petite bâche métallique en détachant soigneusement les syllabes : « Cal-ber-son ». Car cette inscription correspondait à un vœu secret. J'aurais tellement souhaité – et mes parents avec moi – « qu'Albert sonne » ! Je me précipitais à la porte d'entrée à chaque coup de sonnette et demandais, le cœur battant, qui était là. Mais bien entendu, Albert ne sonna jamais et, petit à petit, je me détachai de cet objet pour d'autres, plus classiquement conformes aux souhaits des petits garçons : la voiture de course rouge et la grande échelle des pompiers.

Le troisième symptôme que je développai après ce décès est encore différent. Il s'agit d'un goût prononcé pour l'odeur des patines et le reflet du soleil sur le bois verni. Pour ceux qui ont vécu leur enfance dans un autre milieu que le mien, cette sensibilité pourrait s'expliquer par le rappel du mobilier familial. Mais il n'y avait chez nous, en guise de mobilier, qu'une table et un buffet de cuisine en Formica ! En fait, j'avais développé ce goût dans les années qui avaient suivi la mort de mon grand-père sous la forme d'une fascination pour un petit coffre en bois qui se trouvait au-dessous de la fenêtre de la salle à manger. C'est là que mes parents rangeaient les produits d'entretien de leurs chaussures. Moi je n'ai cessé, des années durant, de voir dans cette longue boîte de bois qui s'ouvrait par le dessus une sorte de reproduction en miniature de la grande boîte que j'avais vue traverser le couloir, portée par les employés des pompes funèbres. Je mis ainsi en place, à la disparition de mon grand-père, trois centres d'intérêt qui avaient en commun leur intensité inexplicable : une terreur absurde pour l'angle sombre de la penderie ; un jouet de compagnie privilégié ; et enfin un amour immodéré pour l'odeur du bois, des patines et des vernis...

Trois métiers – ou trois passe-temps – possibles

Ces trois centres d'intérêt évoluèrent chacun de façon différente sous l'effet de mon environnement et de mes expériences ultérieures. La phobie de l'angle sombre et ma préoccupation précoce pour les morts provoquèrent à mon adolescence une flambée de curiosité théologique qui me fit développer un intérêt excessif pour la communion des âmes aux dépens de celle des corps. Mon angoisse de la penderie sombre aurait pu aussi, dans un autre milieu ou d'autres circonstances, s'épanouir dans une passion spéléologique. Mais mon corps fragile – et constamment pointé comme tel dans le discours familial – me poussa finalement à préférer le spéculatif au physique, et je développai une curiosité pour les penderies cachées de l'esprit, les recoins sombres de l'âme et les secrets de famille, ces sortes de « cadavres dans les placards ».

Mon intérêt pour les patines luisantes et les odeurs de

vernis faillit, quant à elle, déterminer mon choix professionnel. À l'âge de douze ans, je commençai en effet à imaginer le métier auquel je pourrais me destiner et, l'entrée en apprentissage étant la règle dans mon milieu social, je décidai de devenir restaurateur de meubles anciens. Les études m'étant favorables et mes parents pris dans l'optimisme des « trente glorieuses », cette aspiration fut vite reléguée au rang de souvenir.

C'est donc le mot magique qui décida de mon avenir ! Découvrir que j'attendais « qu'Albert sonne » quand je lisais « Calberson » avait été pour moi le point de départ d'une vive curiosité pour les doubles jeux de la phonétique et les désirs cachés derrière les mots. L'engouement pour la psychanalyse de la fin des années 1960 me permit de cultiver cet intérêt et des conditions sociales soudain favorables me permirent, contre toute attente, de faire des études longues. Bref, si certains événements de mon passé me poussaient vers l'inconscient, une dynamique favorable transforma cet intérêt en vocation.

Je ne suis pas en cela exceptionnel. Tout, dans la construction de notre personnalité et dans nos choix, est en même temps affaire de possibilités personnelles, d'expérience inaugurale et d'environnement. Ce qui est rendu possible par les premières est mis en route par la seconde avant d'être enrichi et diversifié par le troisième. Chacune des « fixations » que j'avais constituées après le décès de mon grand-père concernait un domaine différent : une certaine qualité émotionnelle attachée à l'obscurité et plus précisément aux « recoins » ; une passion pour certains reflets et odeurs liés au bois ; et enfin un intérêt pour un mot, et précisément un mot qui fait image. Mais aucune de ces fixations n'avait de portée pathologique en elle-même, ou alors toutes en avaient une. Car chacune était appelée à tenir sa signification de la suite qui lui serait donnée, au carrefour des possibilités de l'environnement et des autres désirs qui n'attendaient que de surgir.

Cette multiplicité – on pourrait même dire cette complémentarité – des fixations consécutives au décès de mon grand-père illustre enfin un dernier aspect de la façon dont nous organisons nos réponses personnelles aux divers événements du monde et leur donnons un sens. Nous utilisons pour cela trois moyens complémentaires : les mots bien entendu, mais aussi les images, et enfin les gestes, les attitudes et les mimiques. On peut dire pour cela que la symbolisation est « trois », puisqu'elle prend trois formes distinctes, et en même temps qu'elle est « une », puisque ces trois formes sont absolument complémentaires et organisées par le même processus. Autrement dit, la symbolisation chez l'être humain est « trois en une », et cette formule n'est pas sans rappeler le mystère de la Trinité chrétienne pour laquelle Dieu est « Trois en Un : Père, Fils et Saint-Esprit ».

Trinité

La Trinité chrétienne serait-elle alors une métaphore de la Trinité des formes de la symbolisation ? La manière dont Dieu le Père, Jésus le Fils et le Saint-Esprit sont évoqués dans l'Ancien et le Nouveau Testament incite à le penser[1] : le premier est « présence », le second « image du Père », et le troisième est « parole ». Cette complémentarité reçoit une admirable mise en scène dans les Trinités sculptées du XIVe siècle, au moment du Moyen Âge finissant[2]. Dieu le Père est assis. C'est son corps que nous voyons en premier, et surtout son regard qui nous fixe dans une attitude calme et majestueuse. De sa bouche semble sortir une langue : c'est en fait l'Esprit saint, symbole du verbe, autrement dit des puissances du langage – de même apparaît-il sous la forme de *langues de feu*, sur la tête de chaque apôtre, le jour du mystère de la Pentecôte, leur donnant le pouvoir extraordinaire de comprendre et de parler toutes les langues. Enfin, Dieu tient devant lui un crucifix portant le corps de son fils Jésus. Cette partie de la sculpture est beaucoup plus petite, à tel point qu'elle semble une *image* que Dieu présenterait au fidèle placé face à lui. À la différence du personnage assis qui fixe le fidèle et l'invite à le regarder, le Christ sculpté sur cette petite crucifixion ne regarde pas en face de lui mais sur le côté, ce qui accentue l'impression qu'il constitue une sorte « d'image dans l'image ». Bref, tout se passe comme si le grand personnage sculpté montrait une image, tandis que l'immense langue qui lui sort de la bouche nous indique qu'il en dit quelque chose.

---

1. Voir à ce sujet les pages qui y sont consacrées dans mon ouvrage *L'Intimité surexposée, op.cit.*
2. Notamment celle de la basilique des saints Nazaire et Celse à Carcassonne.

Ainsi, cette sculpture ne représente pas seulement le mystère catholique de la Sainte Trinité sous la forme où les théologiens et les sculpteurs du XIVe siècle se le figuraient, mais la situation où chacun d'entre nous se trouve lorsqu'il tente de communiquer quelque chose d'important : il se rend visible à son interlocuteur et le fixe en général dans les yeux ; il ouvre la bouche et des mots en sortent – et même parfois ce qu'on appelle un « flot de paroles », semblable à la coulée de pierre s'échappant de la bouche du Père dans ces Trinités moyenâgeuses ; et il s'aide éventuellement d'images qu'il présente à ses interlocuteurs situés face à lui. Le patient qui vient voir un thérapeute n'est pas dans une situation différente : il s'assoit face à lui, le regarde, lui parle, et parfois lui présente des images, comme des photographies de ses proches, ou la reproduction d'une peinture qui l'a vivement impressionné.

Être amoureux d'un symptôme

Les diverses fixations que j'avais constituées à la mort de mon grand-père – et qui furent appelées, selon les circonstances, à s'effacer ou à être au contraire cultivées – étaient donc autant de tentatives de donner du sens à ce que j'avais vécu. Mais, en même temps, mon intérêt pour ces différents domaines habillait l'abattement qui me menaçait des couleurs de la passion. Et celle-ci était terrorisée, émerveillée ou interrogative selon les cas. Cette sorte de conversion me fut d'autant plus utile que je n'avais pas été le seul, dans ma famille, à vivre dramatiquement la mort de mon grand-père paternel. La dépression des autres me guettait aussi... à commencer par celle de mon père. Il manifesta en effet pendant toutes les années qui suivirent ce décès un goût prononcé pour l'isolement, à tel point que cela devint chez lui un véritable enfermement social. En seize ans de vie chez mes parents, je n'ai jamais vu un seul ami invité chez eux malgré quelques propositions de ma mère dans ce sens. Et les rares fois où elle parvint à le convaincre de se rendre chez des personnes qu'elle avait rencontrées, j'eus l'impression qu'il se cachait. J'ai longtemps été comme lui. Je l'aimais, et j'avais fini par confondre mon amour pour lui et mon attachement à sa dépression. Bref, j'étais amoureux de son symptôme sans le savoir !

Cette situation est plus fréquente qu'on ne le croit. Il s'agit toujours de préserver l'illusion d'être avec quelqu'un en souffrant les douleurs qu'on lui imagine. C'est ce qui explique qu'il nous soit parfois si difficile de nous débarrasser de certaines de nos souffrances, physiques ou psychiques. C'est que nous n'y sommes pas seuls, et qu'en conservant notre symptôme, nous avons l'illusion de rester avec cette personne, même si elle est morte depuis longtemps ! À la limite, il peut même s'agir de quelqu'un que nous n'avons jamais connu, comme un ancêtre familial avec lequel nous avons établi une proximité imaginaire. Il y a en effet deux façons « d'être » avec quelqu'un : en être réellement proche ou bien s'identifier à lui – c'est-à-dire à certains aspects de sa personnalité. S'identifier à un parent en souffrance peut ainsi constituer pour l'enfant une manière de ne pas abandonner celui-ci seul face à ses difficultés. Et plus tard, perpétuer dans ses propres symptômes la souffrance de cet autre en soi peut être vécu comme une sorte de sanctification personnelle : vivre dans son propre esprit et sa propre chair la souffrance de l'autre se confond avec le fait de l'aimer.

Ce processus est bien connu dans son aspect mystique : le croyant qui présente les stigmates de Jésus-Christ – plaies aux mains et aux pieds, blessure à la poitrine, saignements du front comme s'il était écorché par une couronne d'épines invisible – se sent plus proche de son Dieu et en quelque sorte élu par lui pour partager son fardeau. Il y a du mysticisme dans bien des symptômes qui handicapent nos contemporains. Souffrir comme on a vu un parent souffrir – et pas forcément comme il a souffert en réalité –, présenter des blessures proches des siennes – ou plutôt de celles qu'on lui imagine – sont assimilables à des formes laïques de mysticisme. Un mysticisme qui ne se revendique d'aucune religion officielle, mais qui comble parfois celui qui se sent par là uni à un parent dont il a été trop tôt séparé par la souffrance, la maladie ou la mort.

Le désir de réaliser un tel rapprochement est parfois caché par l'angoisse d'une fatalité. Dans certaines familles, la crainte de reproduire certains symptômes d'une génération à l'autre est à la mesure du désir de les répéter ! L'idée d'une répétition à l'identique est angoissante, mais aussi tellement gratifiante ! On souffre de la même façon, on présente les mêmes symptômes, qu'est-ce qu'on doit s'aimer !

Certains sont ainsi amoureux de leur avarice, d'autres de leur méchanceté, d'autres encore de leur crainte des voyages ou de leur isolement social, et beaucoup de leur dépression. Qu'ils pensent que ces attitudes les protègent de quelque malheur possible ou qu'ils en souffrent, ils croient toujours nécessaire de s'imposer à eux-mêmes cette façon d'être. Ils ne se rendent pas compte qu'ils s'obligent par là à rester fidèles à un proche disparu, ou plus précisément à un aspect de sa personnalité qui les a vivement impressionnés et qu'ils ont repris à leur compte. Ainsi certains adultes gâchent-ils leur vie dans une complicité muette et sombre avec un ascendant qui n'en demandait pas tant et préférerait certainement les savoir heureux !

Quand une dépression en cache une autre

Revenons-en à ma propre dépression d'enfant. J'y plongeais chaque année à la date anniversaire du décès de mon grand-père, pour au moins trois raisons différentes. Tout d'abord, je souffrais d'être séparé de lui. Ensuite, cette dépression était une sorte de mise en scène inconsciente : je jouais en y croyant la tristesse que j'imaginais être celle de mon grand-père à avoir été séparé de moi par sa mort. Ne me l'avait-on pas décrit comme ayant « rejoint sa dernière demeure » et bénéficiant « d'une vie éternelle » ? Enfin, ma dépression annuelle s'alimentait à une troisième source : celle des dépressions de tous les membres de ma famille qui s'étaient occupés de moi. Comment oser profiter de la vie quand tout le monde est triste ? Plus l'enfant intériorise précocement de telles situations et plus il peut avoir tendance à croire, plus tard, que la tournure d'esprit ou les symptômes qui en relèvent font partie de sa personnalité ou, pis encore, de son destin.

Le plus difficile n'a pas été pour moi de me débarrasser de la première de ces sources de dépression – ma réaction personnelle à ce décès – mais des deux autres : l'identification inconsciente à la douleur que j'imaginais être celle de mon grand-père, inconsolable de notre séparation ; et la reprise à mon compte de la peine des vivants qui m'entouraient, que je désirais par là soulager. Car ces dépressions-là se nourrissaient de mon affection pour eux tous ! Mais le drame est qu'elles nourrissaient mon estime de moi à la mesure des restrictions que j'imposais à ma propre vie : en me lamentant sans cesse sur les difficultés de la vie et la douleur d'exister, je restais fidèle à cette dépression dans laquelle j'avais grandi. Plus je donnais donc raison à mes parents de s'être ainsi déprimés sans jamais nommer la cause réelle de leur dépression – le décès de mon grand-père –, et plus je me gratifiais de l'idée d'être un bon fils ! Bien entendu, d'autres sources d'estime personnelle, plus adaptées à ma vie d'adulte, étaient prêtes à prendre la place, mais cela nécessitait d'abandonner celles de l'enfance auxquelles je restais attaché à la mesure du rôle salvateur qu'elles avaient joué pour moi pendant si longtemps. C'est cela, être amoureux de son symptôme.

Cette difficulté me poursuivit longtemps sous la forme d'une phobie des relations sociales. Le téléphone, surtout, m'était un problème. J'étais incapable de le décrocher pour appeler qui que ce soit, même pour des raisons professionnelles. Je craignais toujours de déranger. Ce symptôme disparut du jour au lendemain lorsque j'en compris la signification. Ce n'était pas mon hésitation à téléphoner qui m'empêchait de le faire, mais le contraire ! Je m'empêchais de téléphoner afin d'éprouver l'angoisse de ne pas y parvenir. Bref, je cultivais le malaise que j'avais toujours vu mon père éprouver, sans doute comme une manière de rester toujours avec lui. Nous vivions, lui et moi, la même fidélité à Albert. La sienne s'adressait à un père, et la mienne à la fois à un père et à un grand-père.

D'ailleurs, le plus curieux, lorsque je décidai d'aller voir mon second analyste, n'est pas que je l'aie choisi d'un âge qui aurait pu être celui de mon père, c'est que je n'aie jamais cessé de le considérer comme un grand-père ! Autrement dit, il occupa ces deux places simultanément, père ou grand-père selon les moments, le temps que je fasse en sorte de me débarrasser des fantômes de l'un et de l'autre. Mais il sut occuper aussi le rôle d'une mère compréhensive et affectueuse. Ce qui se passa finalement lui donna raison. Car, pour mener à bien ma rencontre avec Hitchcock, une présence maternelle était indispensable.

Quand les écrans nous parlent de nous

Des rencontres comme celle qui m'est arrivée avec les images d'Alfred Hitchcock ne sont pas du tout exceptionnelles, mais ce qui nous manque en général, c'est de nous y intéresser ! Autrement dit, si j'ai pu découvrir quelque chose sur moi à partir des films de ce réalisateur, c'est parce que j'ai accepté de m'impliquer dans cette aventure.

Les adultes sont souvent réticents à reconnaître leur implication dans les images, mais les enfants sont moins gênés qu'eux. Je me souviens d'un garçon de cinq ans qui, en voyant le film *Bambi* avec sa mère, fut tellement bouleversé lorsque le cerf supposé être le père du jeune faon traverse l'image, superbe et hautain, qu'il s'écria : « Mais dis-lui donc que tu es son père ! » Cette image avait résonné avec sa problématique familiale puisque son père à lui n'avait pas été reconnu par son propre père ! De telles rencontres, encore une fois, ne sont pas rares. Pour certains, c'est un tableau qui les bouleverse, pour d'autres, une photographie ou encore une bande dessinée. Il est vrai que ces rencontres sont rarement aussi évidentes que dans le cas du jeune spectateur de *Bambi* évoqué plus haut. Le plus souvent, nous sommes intrigués sans savoir pourquoi. Peut-être d'ailleurs était-ce le cas de ce garçon ? En tout cas, lui n'avait pas hésité à dire les mots qui lui venaient, et il se donnait ainsi la chance de pouvoir comprendre un jour la question qui le préoccupait : la raison du refus de son grand-père de reconnaître son père. Cet enfant a grandi, mais la mémoire familiale a gardé le souvenir de cette fameuse séance. Si tel n'avait pas été le cas, sans doute aurait-il oublié sa question, et aussi le cri qu'il avait poussé devant *Bambi*. Mais il aurait probablement gardé le souvenir d'avoir été bouleversé par ce film. Celui-ci serait alors resté pour lui une porte d'entrée vers sa mémoire enfouie... à condition qu'il veuille bien un jour l'entrouvrir.

Quand une image nous bouleverse ou nous intrigue, nous nous empressons le plus souvent de l'oublier. Comme nous avons tort ! Car si une image peut parfois réveiller un souvenir douloureux enfoui, elle peut tout aussi bien permettre de le comprendre et finalement de le relativiser, à la condition toutefois de la considérer comme le support d'une rencontre privilégiée avec soi [1].

Nous passons en effet beaucoup trop de temps à nous lamenter sur les images et leurs dangers supposés, nous

---

1. C'est pour la même raison que toute tentative de déchiffrage psychanalytique d'une œuvre doit être « impliquée ». Le commentateur doit s'y engager à la rencontre de la partie de son propre inconscient que cette œuvre mobilise, tout autant qu'à la rencontre de l'œuvre elle-même et de son auteur.

ferions mieux de nous questionner au contraire sur les raisons pour lesquelles l'être humain s'en est entouré dès l'origine. Car non seulement les images ne nous empêchent pas de penser, mais elles sont même la première condition pour y parvenir.

Ces images qui nous donnent des idées

Un adolescent me racontait son soulagement après avoir vu *Le Passager* du réalisateur Kiarostami. Ce film qui met en scène un jeune garçon en butte à l'incompréhension des adultes, et notamment de ses parents, l'avait bouleversé. Il y avait trouvé un miroir de ses propres difficultés à se faire entendre et reconnaître et, grâce à ces images, il s'était senti beaucoup moins isolé.

D'autre fois, les images nous aident à clarifier nos pensées. Il peut s'agir bien entendu d'images d'actualité. Par exemple, Émile Shoufani, plus connu sous le nom de « curé de Nazareth », évoque le matraquage télévisuel constant auquel sont soumis les jeunes Arabes israéliens de son école, mais c'est pour ajouter aussitôt : « Les jeunes ont des images... malgré le manque d'analyse, ils ont au moins ça[1]. » Autrement dit, quand on ne dispose pas d'outils théoriques pour analyser une situation, c'est quand même mieux d'en avoir des images ! Cette manière de les envisager tranche totalement sur le défaitisme habituel qui les

1. Émile Shoufani, *Comme un veilleur attend la paix. Entretiens avec Hubert Prolongeau*, Paris, Albin Michel, 2002.

entoure et dépasse largement les circonstances évoquées par Shoufani. Les images ne sont pas une source de confusion dont le langage serait appelé à nous sauver, mais une première mise en forme du monde qui permet d'assurer une prise sur lui et en prépare d'autres.

Les images qui nous permettent de commencer à penser plus clairement sont parfois des images de fiction. Par exemple, un jeune garçon me raconta un jour avoir compris que sa mère trompait son père après avoir vu *Les 400 Coups* de François Truffaut ! On peut bien entendu trouver beaucoup d'autres choses dans ce film, mais lui y avait vu cela, et c'est ce qui avait compté pour lui. Je me souviens aussi d'un camarade de mon adolescence qui était allé voir six fois le film de Walt Disney *La Belle et le Clochard* ! Ce garçon vivait dans une famille où les tensions entre ses parents étaient permanentes. Il se sentait en outre très dévalorisé et s'imaginait échouer en tout jusqu'à devenir... clochard. Ce film lui permettait de se construire une sorte de mythologie intime organisée autour de l'histoire d'un garçon isolé, rejeté, et qui pouvait pourtant se construire une vie belle. Bref, de commencer à rêver son propre avenir.

Découvrir dans une œuvre des images sur lesquelles nous appuyer pour rêver notre propre vie est une expérience courante, et cela n'est pas forcément une manière de s'éloigner de la réalité. Par exemple, une enquête menée auprès des enfants du monde entier – y compris dans les camps de réfugiés des régions les plus déshéritées – a montré que le robot invincible du film de Cameron *Terminator 2* arrivait largement en tête des personnages auxquels ils avaient envie de ressembler. Mais ce n'était pas pour agresser ou rançonner leur prochain, comme on pouvait le craindre ! C'était pour défendre et protéger leurs proches. Beaucoup d'enfants assistent en effet aux humiliations ou aux attaques dont leurs parents sont victimes, que ce soit de la part d'ennemis, de supérieurs hiérarchiques ou même d'autres membres de leur propre famille. Aucun de ces enfants n'imaginait pouvoir posséder un jour les pouvoirs fantastiques de *Terminator 2*, mais tous rêvaient, à travers ce film, d'être un jour plus forts. La personnalité en formation de l'enfant se nourrit de telles rêveries.

Malheureusement, lorsque une telle rencontre nous arrive, nous nous empressons souvent de l'oublier et nous n'en parlons pas suffisamment. Car évoquer les images qui nous « font du bien » est aussi important que de parler de celles qui nous malmènent ! Cela permet à ces sortes de « greffes psychiques » qu'elles constituent de mieux s'installer dans nos pensées et dans nos vies. En échangeant autour des images qui nous ont émus, nous les apprivoisons et les intégrons à nos représentations personnelles. Autrement dit, nous les rendons « opératoires » pour pouvoir nous appuyer sur elles.

Il arrive aussi – et c'est la troisième éventualité – que les images nous proposent des modèles qui nous paraissent applicables « tels quels » dans notre propre vie. Il ne s'agit plus seulement de rêveries de réussite là où on aurait été auparavant envahi de rêveries d'échec, comme dans le cas précédent, mais de véritables scénarios qui semblent s'imposer « clés en main ». On ne retient malheureusement en général de ces situations que leur aspect spectaculaire et catastrophique, par exemple quand des adolescents agressent l'un des leurs « comme ils ont vu faire à la télévision », ou qu'un jeune commet un meurtre dans des conditions qui rappellent celles d'un film qu'il aurait visionné. Pourtant, il y a bien des manières de prendre modèle sur une image, depuis les plus réalistes jusqu'aux plus irréalistes. Richard Durn, cet adulte qui a tué plusieurs élus de la ville de Nanterre avant de se donner la mort, a bien montré en quoi consiste un tel usage irréaliste des images, lorsqu'il a déclaré avoir pris sa décision meurtrière après le visionnage du film *Taxi Driver*. Il aurait alors soudain réalisé que le héros meurtrier de ce film, incarné par l'acteur Robert DeNiro, mettait en scène son propre destin. Et il aurait décidé que la seule façon d'être enfin « lui-même », c'était « d'entrer dans la peau d'un autre », et même d'un « autre » de fiction. Pour que la réalité se dissolve dans l'image au point que celle-ci s'impose comme le réel, il faut évidemment une organisation psychique sérieusement ébranlée. Et peu de spectateurs la partagent, fort heureusement !

Le plus souvent, les modèles retenus sont en effet réalistes : on peut apprendre beaucoup de choses au cinéma, et notamment comment se débrouiller dans quantité de situations de la vie quotidienne. N'est-ce pas ce qu'a montré le phénoménal succès d'une émission comme *Loft Story*, dans laquelle les participants n'étaient occupés à rien d'autre qu'à démêler leurs différends de groupe ou de couple[1] ?

1. On peut consulter à ce sujet mon ouvrage *L'Intimité surexposée, op.cit.*

De façon générale, si une œuvre n'est pas transformée et assimilée sous la forme de sensations et d'émotions propres à chacun, et mise en relation avec ses pensées et ses rêveries personnelles, elle n'existe pour personne. Autrement dit, sans la recréation permanente des œuvres auxquelles nous sommes confrontés, celles-ci ne seraient que des corps morts... même si, dans notre culture, l'auteur d'une œuvre est volontiers tenu pour tout et son spectateur pour rien !

Éprouver des émotions

Enfin, il existe une quatrième et dernière manière de rencontrer des images. Il ne s'agit plus de partager une solitude, de se donner des repères pour penser ou rêver sa vie autrement, et encore moins d'y chercher des modèles. Il s'agit d'abord et avant tout *d'éprouver des émotions*. Ces rencontres ne tournent plus autour de pensées ou de désirs explicites comme les précédentes, mais se reconnaissent d'abord à un sentiment de bonheur inexplicable. Nous nous sentons apaisés, heureux, voire rassurés – faut-il dire rassasiés ? – et tout cela sans savoir pourquoi !

Dans *La Métamorphose*, Kafka nous raconte la relation exceptionnelle que Grégoire Samsa, son héros, a nouée avec une gravure de mode représentant une femme richement vêtue et portant un manchon de fourrure. Il l'a découpée, encadrée, et installée dans sa chambre, entre son lit et le petit bureau où il a appris à écrire. Et cette image est si importante pour lui qu'au moment où il se sent inexorablement transformé en cafard, il tente de préserver son humanité profonde en se collant littéralement contre elle, comme on se blottit contre une personne. Nous sommes tous comme Grégoire Samsa. Certaines images ont ce pouvoir sur nous, et une telle rencontre s'est passée pour moi avec les films d'Alfred Hitchcock. Tout commence en général par le fait de nous sentir bouleversés sans en comprendre la raison et d'éprouver le sentiment étrange de nous trouver « en terrain connu » alors que rien, dans ce que nous voyons ou lisons, n'évoque directement notre propre vie. C'est alors à nous de décider de nous engager plus avant dans la compréhension de ce que nous éprouvons. Si rien ne prouve en effet jamais que ce que nous voyons dans une fiction s'y trouve, le fait que nous l'y trouvions peut toujours nous apprendre quelque chose sur nous ! Mais ce choix ne nous réserve pas forcément que des bonnes surprises. Nous pouvons y croiser aussi l'angoisse, la peur, la colère et la solitude. Alors, pourquoi décider d'une aventure qui risque d'être aussi hasardeuse, voire pénible ? Parce que c'est un extraordinaire moyen de se rapprocher de soi-même. Pourtant, avant de nous engager plus précisément dans l'exposition de cette aventure personnelle, il n'est pas inutile d'en préciser mieux les enjeux.

Des images, pour le bonheur

L'engouement actuel pour la photographie, tout comme l'importance prise par le cinéma, la télévision et les jeux vidéo, montrent que l'être humain n'a jamais cessé d'être habité par le désir de fabriquer des images et de s'en entourer. En même temps, l'angoisse qu'elles suscitent connaît aujourd'hui une flambée nouvelle, digne de celle qui a marqué la période iconoclaste. Certains appellent leurs contemporains à vivre leur vie « sans télé », un peu comme les pasteurs protestants ou, avant eux, les théologiens byzantins, avaient appelé les fidèles à vivre leur foi « sans images ». Ces opposants aux images se réclament parfois dans leur quête des découvertes freudiennes : l'image serait confusion, illusion et aliénation, tandis que le langage permettrait de créer distance, recul et pensée.

Parmi ces accusateurs des images, il s'en trouve un qui a formulé les choses d'une façon fort instructive pour nous, son point de vue étant l'exact opposé du nôtre. Il s'agit de Maurice Blanchot quand il écrit : « L'image est bonheur, mais près d'elle, le néant séjourne, à sa limite il apparaît, et toute la puissance de l'image, tirée de l'abîme en quoi elle se fonde, ne peut s'exprimer qu'en lui faisant appel[1]. » Comme ce qui est souvent allégué par les ennemis des images, cette phrase n'est pas fausse, mais elle est terriblement partiale ! Le bonheur de

1. Maurice Blanchot, *L'Entretien infini*, Paris, Gallimard, 1969.

l'image n'est en effet évoqué que pour être aussitôt mis en relation avec les dangers qu'il cache et le risque, en y cédant, de sombrer dans rien de moins que le néant ! Diable, c'est le cas de le dire ! On dirait une phrase d'évêque mettant en garde contre les séductions de la sexualité. Mais ne pourrait-on pas retourner ce raisonnement ? Nous écririons alors quelque chose comme : « En chacun d'entre nous le néant séjourne, mais l'image, qui est tirée de son abîme, nous restitue un peu de bonheur... » Maurice Blanchot, en attirant notre attention sur le « néant » qui borde le territoire des images, nous en gâchait le bonheur, il nous faut le retrouver. Et c'est d'autant plus nécessaire que le christianisme a étendu sur la pensée occidentale un voile qui noircit le monde et rend l'être humain coupable d'en jouir. Le raisonnement de Maurice Blanchot est de ce point de vue absolument semblable à celui de saint Augustin qui s'employait à nous détourner des bonheurs de la sexualité en insistant sur la localisation du sexe féminin, « entre fiente et urine » ! Autour de la sexualité, nous sommes heureusement en train de revenir de la culpabilisation où notre culture avait basculé et de découvrir le bon usage que nous pouvons en avoir. Il nous reste à faire de même avec les images. Comment ? C'est ce que nous voudrions montrer ici. Et, une fois n'est pas coutume, le parcours auquel le lecteur sera bientôt invité passe par le récit d'un itinéraire personnel.

Quand l'écran nous raconte une histoire intime

Pendant longtemps, je n'ai eu aucun souvenir d'événements pourtant essentiels de mon existence. Mais comme aurait dit Émile Shoufani, grâce à Alfred Hitchcock, j'en avais au moins des images ! Et quelles images ! Dans la plupart de ses films, un héros masculin est brutalement plongé dans une situation incompréhensible. Heureusement, il ne tarde pas à rencontrer une femme qui se propose de l'aider. Mais peut-il s'y fier ? Lui dit-elle la vérité ou lui ment-elle ? Est-elle une amie ou une ennemie ? Le héros comprend vite qu'il doit renoncer à en savoir plus en la questionnant. La seule réponse qu'il pourra éventuellement obtenir, c'est dans son *regard* qu'il doit la chercher. Or c'est autour du regard, ou plus précisément *d'un* regard, qu'était nouée pour moi une question essentielle. On comprend donc qu'Hitchcock m'ait permis de faire un bout de chemin !

L'importance donnée par Hitchcock au regard semblait d'abord trouver son origine dans une méfiance vis-à-vis du langage. L'homme n'aimait guère argumenter, en particulier sur les plateaux de cinéma, et il ne répondait en général ni aux questions de ses acteurs ni aux réflexions des personnes présentes autour de lui. Il s'absentait même si la conversation prenait un tour insistant. Par ailleurs, il adorait les formules ambiguës et à double sens. Les plaisanteries qu'il raconte à François Truffaut [1] montrent qu'il

1. *Hitchcock/Truffaut*, édition définitive, Paris, Ramsay, 1983.

adorait dérouter ses interlocuteurs, pour mieux rire ensuite à leurs dépens ! Quant à la dérision dont il entoure les reconstitutions judiciaires dans ses films, elle montre que le langage est non seulement impuissant à dire la vérité, mais même à la cerner. Une telle méfiance vis-à-vis du langage évoque bien évidemment une problématique de secret, lorsqu'un enfant pressent que les mots sont utilisés pour le tromper et l'induire en erreur et pas du tout pour lui dire la vérité. Mais, chez Hitchcock, cette méfiance vis-à-vis de la parole s'accompagne d'une confiance étonnante dans le regard. Pour lui, les yeux de nos interlocuteurs sont un repère sûr. C'est ce qu'il dit très clairement à François Truffaut à propos de son film *Confess* (*La Loi du silence*) : « Vous voulez dire que le dialogue dit quelque chose et l'image autre chose ? C'est un point fondamental de la mise en scène. Il me semble que les choses se passent souvent de la même manière dans la vie. Les gens n'expriment pas leurs pensées les plus profondes ; ils cherchent à lire dans le regard de leurs interlocuteurs, et souvent ils s'échangent des banalités tout en cherchant à deviner quelque chose de profond et de subtil [1]. » Hitchcock a bien raison. On peut parler pour éviter de communiquer. C'est ce qu'on pourrait appeler « le syndrome de la Castafiore » : parler sans cesse pour ne rien dire n'est pas seulement une manière d'éviter d'être interrogé, c'est aussi un moyen de mettre son interlocuteur dans l'impossibilité de comprendre ce qui lui arrive [2].

---

1. *Ibid*, p. 170.
2. On peut consulter à ce sujet mon ouvrage *Tintin et les secrets de famille*, Paris, Aubier, 1992 (1re édition, Séguier, 1990).

Et, dans ce cas-là, c'est aux attitudes corporelles et aux regards qu'on se raccroche. Hitchcock est décidément dans le vrai quand il dit : « Le dialogue doit être un bruit parmi les autres, un bruit qui sort de la bouche des personnages, dont les actions et les regards racontent une histoire visuelle. » Le problème est que, bien loin d'apporter le soulagement au héros, ce questionnement du regard ne fait souvent que le plonger dans un trouble plus grand encore. Comme le note justement François Truffaut, la caractéristique principale du héros hitchcockien n'est pas qu'il soit accusé injustement alors qu'il est innocent, mais bel et bien qu'il finisse par *se sentir coupable.* « Transfert de culpabilité », c'est ainsi qu'Alfred Hitchcock appelle la chose. Dans *La Loi du silence,* c'est un prêtre qui a reçu le secret en confession. Le secret est donc explicite puisqu'il a été l'objet d'un aveu verbal même si son dépositaire ne peut rien en dire du fait des conditions dans lesquelles il l'a reçu. Mais le plus souvent, le secret reste inconnu car la « confidence » n'en a été faite que par le regard, donc d'une manière énigmatique...

Comme une mère avec son bébé, abominablement

Quand on a vécu un traumatisme grave, on alterne des phases où on s'en rapproche et d'autres où on s'en éloigne. C'est bien normal. On ne peut pas constamment se préoccuper de sa blessure. À certains moments, mieux vaut l'oublier. C'est pourquoi il y a des gens qui se sentent un peu « cotonneux » et comme anesthésiés chaque fois que la pensée de leur traumatisme passé leur revient. Longtemps, j'ai vécu de tels instants. C'est une manière de se « débrancher » provisoirement lorsque, pour une raison ou une autre, la pensée du traumatisme devient trop proche. Mais, à d'autres moments, le souvenir du traumatisme agit comme une véritable centrifugeuse ! Nous n'y échappons plus, nous y plongeons ! Pendant quelques jours ou quelques semaines, tout ce que nous pouvons vivre, croiser, échanger, nous y renvoie. Si c'est un deuil qui revient, la rencontre d'un animal mort sur la route peut brutalement nous faire pleurer à chaudes larmes sans que nous en comprenions la raison. Et si c'est une rupture sentimentale, un titre de journal annonçant le divorce d'un couple célèbre peut nous bouleverser. Ce ne sont plus les événements que nous croisons qui importent, mais ce que nous sommes enclins à y projeter de notre histoire et de nos émotions. Et c'est particulièrement vrai pour les images.

Les événements graves auxquels nous sommes confrontés dans la réalité sont heureusement rares : la mort, l'abandon, les accidents de toutes sortes sont évidemment présents dans nos vies, mais restent exceptionnels. Les images qui nous racontent de tels événements sont en revanche extrêmement nombreuses. En outre, notre attitude face aux uns et aux autres est radicalement différente. Quand ce sont des difficultés réelles qui surviennent, l'urgence est évidemment d'y faire face et nous ne sommes guère attentifs à la manière dont elles peuvent réveiller certains souvenirs endormis. En revanche, face aux mises en scène des catastrophes que nous proposent les images, nous n'avons rien d'autre à faire que de nous abandonner à elles et de nous laisser envahir par les rêveries qu'elles suscitent.

L'angoisse du regard vide

Parmi toutes les images que je croisais, c'est longtemps, pour moi, le regard des personnages des films d'Alfred Hitchcock qui m'a pris à partie. Un regard vide et qui n'exprime rien. C'est d'ailleurs ainsi que le maître de l'épouvante voulait ses acteurs. Pour lui, leur regard ne devait absolument rien signifier. « Un même regard d'un bout à l'autre du film », tel était même à son avis le signe distinctif de l'acteur parfait[1]. Aucune trace d'émotion ne devait traverser ses yeux, de telle façon que le découpage cinématographique leur donnait seul leur sens par l'enchaînement des situations. C'est ainsi que le même gros plan d'un visage devait pouvoir prendre pour lui des significations tout à fait opposées selon les circonstances. L'exemple qu'il donne est celui du sourire de James Stewart dans *Fenêtre sur cour* : reçu d'abord comme un attendrissement amusé lorsque la séquence suivante montre « un petit chien descendu dans un panier », il est vu ensuite comme la preuve que l'acteur est un « vieux salaud » lorsque l'image a précédemment montré « une fille à poil qui se tortille devant sa fenêtre »[2]. Si le héros hitchcockien doit garder en toutes circonstances le même visage impassible[3], c'est donc pour constituer un support neutre aux déterminations que le réalisateur lui impose ensuite. Pourtant, en ce qui con-

---

1. Pour ce qui nous concerne, ce questionnement n'a pas seulement été nourri par l'œuvre d'Hitchcock, mais aussi par celle de l'aliéniste-photographe Gaëtan Gatian de Clérambault. Cette œuvre, réalisée entre 1915 et 1922, met en effet en scène des hommes et des femmes marocains vêtus du célèbre « haïk », une grande pièce d'étoffe drapée sur l'ensemble du corps et ne laissant apparaître, du visage, qu'une fente sombre à l'emplacement des yeux. Bref, sur ces photographies, le regard est d'autant plus indécidable que les yeux sont invisibles (S. Tisseron, *Gaëtan Gatian de Clérambault, psychiatre et photographe*, Paris, Les Empêcheurs de penser en rond, 1990).
2. *Hitchcock/Truffaut*, *op. cit.*, p. 179.
3. Ce en quoi il est parfaitement incarné par Cary Grant, alors que Paul Newman, par ailleurs excellent acteur, y échoue totalement, de l'avis même d'Hitchcock (*ibid.*, p. 264).

cerne ses héroïnes, l'exigence d'inexpressivité imposée par Hitchcock reçoit une explication sensiblement différente...

Grace Kelly, Tippi Hedren ou Kim Novak, ces héroïnes hitchcockiennes entre toutes, comment le maître du suspense les a-t-il en effet choisies ? « Impassibles », « froides », « très belles et très classiques », « glaciales », en un mot « sophistiquées » [1], nous dit-il. L'impassibilité, chez les héroïnes d'Hitchcock, se double donc d'une froideur qu'il ne cherche absolument pas à imposer à ses héros masculins. C'est, nous dit-il, parce qu'il veut faire d'elles la cause d'une surprise permanente pour les hommes : « Nous cherchons des femmes du monde, de vraies dames qui deviendront des putains dans la chambre à coucher [2]. » Malheureusement, la surprise n'est pas toujours bonne... Nombreux sont les héros masculins qui, chez Hitchcock, ne se laissent guère tenter, ou qui découvrent finalement qu'il s'agissait d'un guet-apens ! Misogynie à l'américaine ? Peut-être. Le regard vide est d'autant plus angoissant qu'il est totalement imprévisible ! *Vertigo*, ce titre d'un film fameux d'Hitchcock, évoque très justement le vertige angoissé qui nous saisit face à un regard qui n'exprime rien. Et parfois l'art d'Hitchcock transforme l'espace et le paysage entier en un équivalent de ce regard, d'autant plus menaçant qu'il est apparemment vide. Tous ceux qui ont vu *North by North West* (en français *La Mort aux trousses*) gardent en

1. *Ibid.*, p. 188.
2. *Ibid.*, p. 188.

mémoire la scène célèbre où Cary Grant est agressé par un avion dans un immense espace totalement désert.

Or cette angoisse d'un regard – ou d'un espace – vide a pour chacun d'entre nous un modèle : c'est celui d'un regard maternel vide, c'est-à-dire un regard qui ne renvoie à l'enfant rien de lui-même.

Le bébé tenu par le regard maternel

Certains chercheurs[1] ont proposé à des mères de ne pas répondre, pendant quelques minutes, aux sollicitations visuelles et vocales de leur bébé, et de lui opposer un visage inexpressif et un regard vide. Les conséquences étaient immédiates : l'enfant tentait par tous les moyens d'animer le visage de sa mère et, faute d'y parvenir, il manifestait des signes d'angoisse poignants. De telles expériences sont évidemment de très courte durée, mais on peut facilement imaginer les conséquences ravageuses qu'elles auraient si elles se perpétuaient et ce qui peut advenir dans la réalité lorsqu'une telle situation se produit. Reste à l'enfant la possibilité de renouer un dialogue auprès d'autres interlocuteurs et ainsi de retrouver vie. Mais ces facteurs « correcteurs » n'annulent pas pour autant les angoisses éprouvées au contact d'un parent privilégié qui, soudain, s'absente à lui-même et à l'enfant.

Pour en comprendre l'importance, il nous faut nous

1. Notamment Bertrand Cramer à Genève.

représenter les premières semaines de la vie du bébé comme une situation qui reproduit un peu le confort de l'utérus maternel. Son environnement est organisé pour répondre à ses attentes et tout est mis en œuvre par ses parents pour qu'il se sente bien. Par exemple, quand il pleure, quelqu'un cherche à savoir pourquoi et s'efforce de lui apporter ce qu'il attend, qu'il s'agisse de nourriture, de chaleur ou d'affection.

Cet espace protégé ne dure malheureusement – et heureusement ! – qu'un temps. Survient bientôt un moment où le bébé est déçu. L'environnement ne correspond plus à ses attentes. Il vit cette situation nouvelle comme une sorte de *rupture* de l'espace magique dans lequel il avait eu jusque-là l'illusion d'être plongé, et il tentera plus tard de se la représenter à travers la métaphore d'une « chute ». Dans la religion chrétienne, c'est celle qui provoque la sortie d'Adam et Ève du paradis terrestre. Mais, pour beaucoup d'entre nous, cette rupture se représente d'abord à travers un fantasme : celui selon lequel notre mère nous aurait laissé tomber de la table à langer ! Si nous sommes surtout sensibles au caractère douloureux de cette rupture, elle n'inaugure pas moins une évolution extrêmement favorable. Elle nous oblige en effet à construire une relation différente avec l'environnement de telle façon que les objets matériels se trouvent investis du pouvoir de servir de support à certains processus psychiques, les objets humains se révélant finalement peu fiables.

Cela n'est pourtant possible que si cette discontinuité

peut être gérée par les capacités psychiques du bébé. Pour cela, il faut que ces expériences ne soient ni trop fréquentes ni trop intenses. Le bébé traverse alors sans trop d'encombre les phases de rupture dans son environnement en maintenant sa continuité intérieure. Il se comporte un peu comme un skieur qui passerait au-dessus des crevasses grâce à l'élan qu'il aurait acquis. La discontinuité du sol ne le ferait pas tomber, il aurait bien entendu peur, peut-être en serait-il un peu endolori, mais il aurait acquis aussi plus de confiance dans ses propres possibilités. En revanche, le bébé qui n'a pas encore constitué de ressources personnelles suffisantes court le risque de tomber dans ces « trous » de son environnement relationnel.

Or, dans ces expériences de rupture de contact tactile, la continuité du regard joue un rôle capital. L'enfant qui n'est plus tenu dans les bras de sa mère tente de nouer avec elle un contact de regard. Et ce regard n'est pas seulement une forme de maintien du lien, il est aussi une source de sens sur ce que l'enfant éprouve. Quand l'environnement devient incompréhensible et que tout semble s'effondrer autour de lui et en lui, c'est dans ce regard qu'il cherche une confirmation de lui-même en même temps qu'il y guette un point d'ancrage. Il voit dans le regard de sa mère à la fois ses inquiétudes à son sujet et la réponse à ces inquiétudes, lui-même tel qu'il est, et lui-même tel qu'il est appelé à être.

Des angoisses disséquantes

Pour désigner ce que le bébé vit à ce moment-là, le psychanalyste anglais Winnicott a proposé une expression très forte, celle d'« angoisses disséquantes[1] ». En médecine, la dissection divise les parties en vue de les étudier séparément. Ce que fait le bébé est un peu la même chose avec son monde intérieur. Confronté brutalement à une angoisse sans recours, il sépare son psychisme en deux : la partie de lui-même qui éprouve l'angoisse est enfermée dans une sorte de territoire étanche, séparé du reste de sa personnalité pour éviter qu'elle en soit contaminée, tandis que l'autre partie continue à fonctionner comme si de rien n'était. D'une certaine manière, le bébé qui se comporte de la sorte fait un peu comme les scientifiques confrontés aujourd'hui au problème des déchets radioactifs. À défaut de savoir comment les « détoxiquer » et les recycler, ils font un trou profond, les enterrent dedans, et coulent du béton par-dessus ! Mais la comparaison s'arrête là. Car les scientifiques, s'ils le pouvaient, oublieraient bien l'existence de ces déchets radioactifs, alors que le bébé, lui, ne renonce pas si facilement à ce qu'il a éprouvé et enterré au fond de lui. Aussi douloureuses soient-elles, ces expériences sont les siennes et il y tient !

C'est pourquoi l'enfant, puis l'adulte qu'il devient,

---

1. Donald Woods Winnicott [1989], *La Crainte de l'effondrement et autres situations cliniques*, Gallimard, 2000.

reste toujours préoccupé par cette sorte d'enterrement, au sein de sa personnalité, de l'expérience catastrophique et déstructurante qu'il a vécue. Il ne cesse d'y revenir en rêvant de la réintégrer dans sa vie après lui avoir ôté son pouvoir de nuisance. Et, pour cela, il n'a qu'un seul moyen à sa disposition, c'est de *donner du sens* à ces matériaux psychiques afin de se les approprier et de commencer à en socialiser les effets.

Mais avant d'y parvenir, ou à défaut de le pouvoir jamais, les personnalités traumatisées ne cessent de revenir rôder autour de leur traumatisme. Elles se sentent poussées à réaliser certains actes ou à s'engager dans certains choix – professionnels ou amoureux par exemple – sans se rendre compte qu'il s'agit souvent d'une manière de continuer à « flirter » avec leur traumatisme. Comme dans tout flirt, elles croient pouvoir jouer sans se brûler. Mais la vérité est que c'est souvent cette brûlure qu'elles recherchent ! En effet, un événement extrême – comme une maladie grave, un accident, une agression physique ou sexuelle – n'est pas caractérisé seulement par la qualité des émotions et des états du corps qui y sont vécus, mais aussi par leur intensité. Et souvent, c'est cette intensité que nous recherchons sans nous en rendre compte. Bref, nous tournons autour de nos traumatismes pour nous réchauffer à eux parce que leur intensité est inoubliable. Et c'est bien entendu chaque fois au risque de nous brûler à nouveau ! Lorsque les enfants victimes de sévices sexuels deviennent plus tard des adultes provocateurs ou séducteurs, ce n'est pas sous l'effet d'une sorte de fatalité dénuée de sens. C'est pour retrouver le chemin de l'extrême qui ne cesse de nous hanter lorsque, même une seule fois, nous l'avons suivi. Finalement, comprendre le traumatisme ne signifie souvent rien d'autre que comprendre les chemins privilégiés par lesquels nous tentons de nous en rapprocher, qu'il s'agisse de comportements amoureux, de choix professionnels, ou encore de l'attachement particulier à certains films ou spectacles...

Car, sur le chemin de donner du sens à ses traumatismes, plusieurs voies s'offrent à chacun. Pour les comprendre, gardons toujours à l'esprit les Trinités sculptées du Moyen Âge et les trois possibilités qu'elles indiquent : les mots, le corps, les images.

Certains tentent donc de mettre des mots sur leur expérience catastrophique et d'en parler. D'autres les mettent en acte et en scène : on dit qu'ils les « répètent », soit en imposant à d'autres ce qu'ils ont eux-mêmes subi, soit en se mettant en position de le subir encore. C'est ainsi qu'un ancien enfant maltraité peut se mettre dans la situation d'être maltraité à nouveau. Cela arrive en effet parfois [1], mais, souvent, le mécanisme est plus complexe. La répétition n'est pas inspirée par un sombre désir de connaître sans cesse l'échec, mais par celui de se mesurer aux mêmes épreuves que par le passé, justement pour réussir là où on a précédemment échoué. Nous sommes un peu en cela comme un général qui aurait

1. C'est ce que Didier Anzieu a appelé l'« attachement au négatif », R. Zazzo et coll., *L'Attachement*, Paris, Delachaux et Niestlé, 1996.

perdu une bataille et qui chercherait à en reproduire les conditions pour en sortir enfin vainqueur. Mais, comme le terrain et l'ennemi auraient bien entendu changé entre-temps, il serait condamné à perdre toujours. Bref, une lecture superficielle de cette situation pourrait laisser imaginer que ce général continue de perdre parce qu'il a été traumatisé par son premier échec et qu'il est « dans la répétition ». Mais une lecture plus fine montre qu'il tente de reproduire les conditions de la bataille perdue pour la gagner enfin, et que c'est justement cela qui le rend incapable de gagner de nouveaux combats !

Enfin – après les mots et les gestes –, un troisième moyen existe pour tenter de donner du sens à ce qu'on a éprouvé. C'est d'en fabriquer des images. Ce moyen se trouve en quelque sorte à mi-chemin entre les deux autres. D'un côté, les images donnent en effet envie à leurs spectateurs d'en parler, tandis que d'un autre côté, elles ont le pouvoir d'imposer à ceux qui les voient des émotions, des sensations et des états du corps qui peuvent être très proches de ceux que le réalisateur a lui-même vécus. Bref, elles peuvent maltraiter le spectateur autant que le réalisateur l'a été lui-même ! Chez Alfred Hitchcock, ce choix était très conscient, preuve en est qu'il l'a lui-même expliqué ! Mais, avant de nous avancer sur ce chemin, précisons encore le processus mis en jeu dans de telles situations. Car ce qui permet de mieux comprendre la relation fascinée qu'Hitchcock entretenait avec le regard éclaire aussi la manière dont ses films nous fascinent.

Le transfert par le regard

Le suspense paroxystique qui clôt presque chacun des films d'Hitchcock correspond à l'angoisse d'une chute. Face à la peur de tomber, dont le prototype est la terreur du petit enfant de perdre le contact cutané, visuel et olfactif avec sa mère, à quoi se raccrocher en dernier recours ? De nombreuses scènes hitchcockiennes – dont la fin magistrale de *La Mort aux trousses* – nous le disent clairement : à un *regard*. Les yeux de l'acteur dont la vie ne tient plus qu'à une prise incertaine – comme une main ou un fragment d'étoffe – plongent dans ceux de l'autre qui le tient, et le spectateur cherche à son tour dans ces regards de quoi retenir sa chute à lui, sous la forme d'une empathie qui lui permette de se rassurer en se disant : « Il est impossible qu'il (ou elle) me laisse tomber ! » Un regard devient alors le fil ténu qui nous rattache au monde, la seule bouée pour ne pas sombrer. Malheureusement, chez Hitchcock, ce regard est souvent vide. Et quand il ne l'est pas, ce qu'on y devine est en général peu rassurant. Les regards des personnages croisés par le héros semblent remplis des forfaits qu'ils s'apprêtent à commettre autant que de ceux qu'ils ont déjà commis. À tel point que l'angoisse éprouvée à voir ces films est moins celle d'assister à des scènes horribles – d'ailleurs devenues bien banales dans le cinéma contemporain – que de devoir les imaginer dans un regard... et d'y parvenir !

Sans doute est-ce d'ailleurs pour cela qu'il n'est pas

rare qu'en sortant d'un film d'Hitchcock, nous ayons peur... Tous les regards semblent devenus menaçants... Cette situation dans laquelle Hitchcock met ses spectateurs de devoir imaginer ce qui se cache derrière un regard trouve d'ailleurs un équivalent dans une de ses œuvres les plus célèbres. Dans *Fenêtre sur cour*[1], James Stewart est immobilisé par une jambe plâtrée dans son fauteuil... un peu comme le spectateur de cinéma dans le sien. Il ne lui reste donc plus qu'à observer ses voisins, et le spectateur est invité à le faire avec lui. Il croit y deviner un crime, et passe alors le restant du film à tenter de trouver la confirmation, dans le regard du coupable présumé, de la scène horrible qu'il a imaginée et qu'il ne verra bien entendu jamais.

Tout plutôt qu'un regard vide !

Nous disions plus haut qu'Alfred Hitchcock n'était pas un naïf et qu'il savait bien qu'il mettait ses spectateurs dans la position d'un nouveau-né terrifié par sa mère. Le moment est maintenant venu d'en donner la preuve. Elle se trouve dans les entretiens qu'il a accordés à François Truffaut. À une remarque de celui-ci sur le caractère « très sain » qu'il y aurait à montrer des choses effrayantes, Hitchcock répond en effet : « Je le crois aussi. Une preuve d'amour que la mère donne à son

1. Que François Truffaut désigne avec justesse comme un film sur le cinéma (*Hitchcock/Truffaut, op. cit.*).

jeune bébé est de lui faire peur avec des gestes et des bruits de bouche : *boo, br...* Le bébé a peur, et il rit et il bat des mains et, dès qu'il sait parler, il dit *encore*[1]. » Ainsi, pour Hitchcock, non seulement la peur imposée par une mère à son bébé ne serait pas une manifestation de sadisme, mais elle serait même une preuve d'amour, voire une source d'équilibre pour le bébé[2] ! Pourtant, pour un homme aussi préoccupé de la « lecture dans le regard » que lui, c'est bien ici l'absence de toute référence au regard maternel qui est frappante. Car une mère peut terroriser son bébé avec des bruits de bouche, c'est vrai, mais bien plus encore avec un regard vide ou absent, comme les expériences évoquées plus haut l'ont montré ! Hitchcock n'aurait-il pas décidé, très tôt, qu'un regard vide est une preuve d'amour afin de ne pas céder à des angoisses d'abandon « disséquantes », pour reprendre le terme si éloquent de Winnicott ? Et, plus tard, en décidant que faire peur à quelqu'un serait une façon de le « dynamiser », voire de le « régénérer », n'aurait-il pas en quelque sorte complété ce dispositif défensif en tentant de lui donner quelque rationalité ? Car, entre aimer et terroriser, le lien n'est pas évident, et Hitchcock n'en avait nul besoin pour justifier ses films, à un moment où il était, qui plus est, au faîte de sa gloire ! En tout cas, c'est le désir de se raccrocher à un regard, et l'impos-

1. *Ibid.*, p. 168.
2. Cette autre phrase d'Hitchcock illustre encore plus clairement ce point de vue : « Afin de nous dégourdir et récupérer notre équilibre moral, il faut susciter ce choc (c'est-à-dire la peur) artificiellement » (*ibid.*, p. 168).

sibilité d'y parvenir, qui étaient le ressort de mon indéfectible fascination pour Hitchcock. D'autres pouvaient, et pourront, s'intéresser à ses films pour d'autres raisons. J'y renouais, quant à moi, avec la tentative que j'avais faite de me raccrocher à un regard, sans y être parvenu.

Car telle est la troisième façon que nous avons de gérer nos traumatismes passés. Il ne s'agit plus de nous mettre peu ou prou à notre insu dans la situation de les revivre réellement, ni d'amener autrui à les revivre à notre place, mais d'aller les voir représentés au cinéma ! Le plus souvent, bien entendu, cette figure n'est pas littérale, mais décalée, c'est-à-dire qu'elle représente une situation à travers une autre. Mais ce pouvoir métaphorique des fictions sert leur efficacité. Les spectateurs renouent grâce à elles avec leurs inquiétudes passées tout en prenant avec elles un maximum de distance. Dans la mesure où l'origine pointée dans le film n'est pas la même que dans leur cas personnel, ils peuvent, à volonté, y croire ou n'y pas croire, s'y abandonner ou s'en distancer, bref, s'y sentir concernés ou non.

Mais ces films m'ont encore appris une dernière chose. Si le regard maternel est empreint de culpabilité au moment où l'enfant tente de s'y accrocher, il y a toutes les chances pour que celui-ci intériorise cette culpabilité ! En devenant le dépositaire de ce sentiment qui ne lui appartient pas, il se sent alors coupable d'un acte qu'il n'a pourtant pas commis, réalisant ainsi les conditions du fameux « transfert de culpabilité » cher à Hitchcock.

L'épouvante au fond des yeux

Le lecteur doit imaginer une scène d'un film d'Hitchcock. Il le doit car c'est ainsi que je l'imagine moi-même.

J'ai quatre ans, c'est le mois de juillet. Deux femmes – ce sont ma mère et ma tante – ont emmené jouer deux garçons – mon frère et moi – dans un coin de campagne aux environs de Valence. Il y a un canal d'irrigation caché dans les hautes herbes à quelques mètres seulement de l'endroit où elles se sont assises. Elles le savent et ont demandé aux enfants de ne pas aller jouer de ce côté. Il y a autour du plus jeune des herbes immenses plus hautes que lui. Il avance, elles s'écartent devant lui, et soudain tout bascule... Le plan qui surgit sans transition est celui d'un visage de femme, tordu par une expression d'angoisse que je n'oublierai jamais. C'est le visage de ma mère. Il est flou et parcouru par de légères déformations comme s'il était aperçu à travers un verre grossièrement dépoli en mouvement : la scène est à présent vue du fond du canal. Des bulles montent vers le visage de la femme penchée au-dessus. Je suis probablement terrifié, mais je ne me souviens de rien de désagréable. Je suis en train de me noyer. Les yeux de ce visage de femme sont de plus en plus affolés, puis ils s'effacent. Ce visage disparaît, il n'y a plus rien. La scène paraît infiniment longue, mais elle est probablement très brève.

Il me semble qu'un autre visage surgit, celui de ma tante, mais de cela je ne suis pas certain. Une main crève l'écran formé par la surface de l'eau. Ensuite, tout est plus vague. Il me semble que ma respiration repart. Je ne sais pas si j'ai perdu connaissance. Je suis rapidement dévêtu et habillé de quelques vêtements secs empruntés à mon frère. La dernière image montre le soleil déclinant à l'horizon. Je suis tassé sur le petit siège que ma mère avait installé sur le porte-bagages de sa bicyclette pour me transporter. Ma tante et mon frère roulent devant. Je n'ai rien d'autre à l'esprit qu'une honte abominable.

Mise en scène

Cet événement réel, je l'avais si bien oublié que je ne saurai probablement jamais quelles parts ont prises à sa reconstitution, quarante ans plus tard, les films d'Hitchcock, mes angoisses et mes désirs. Nos souvenirs ne sont pas en effet comme des images précieusement préservées dans une boîte où nous les retrouverions intacts après des années pendant lesquelles nous les aurions laissés dormir. Ils évoluent, se déconstruisent et se reconstruisent, et empruntent parfois des pans entiers à des films ou à des photographies qui ne font pourtant que les évoquer. La mémoire fonctionne ainsi. Mais les parts respectives de réminiscences, de constructions et d'emprunts qui y sont mises en jeu importent peu. Seule compte la possibilité de se donner, d'un traumatisme, une représentation qui fasse enfin sens et surtout que l'on puisse partager.

Pendant des années, je ferai sans cesse le même cauchemar. Je tenterai aussi de le dessiner – image matérielle contre image onirique – pour essayer de m'en libérer. La scène est toujours la même, terrifiante : une main griffue sort du sexe d'une femme et cherche à m'attraper. Je mettrai longtemps à en comprendre la signification. En fait, comme souvent dans les cauchemars, cette image condense dans une seule séquence deux événements successifs : d'une part l'angoisse vécue, et d'autre part l'image par laquelle on a tenté de s'en guérir. Pour moi, l'angoisse a été celle d'être irrémédiablement abandonné et d'en mourir. J'imagine en effet aujourd'hui que la disparition du visage de ma mère a été le vrai traumatisme. Et la main dont les doigts risquent de m'attraper est bien entendu la sienne que j'ai ardemment désirée. Ainsi, une lecture superficielle de ce cauchemar à répétition pourrait laisser croire que l'angoisse est associée au surgissement de la main alors que c'est elle, au contraire, qui a été appelée comme remède à l'angoisse. Et c'est bien souvent ainsi que les choses se présentent. Les images angoissantes qui nous hantent ne sont pas forcément la visualisation de nos inquiétudes ; elles sont parfois celle des moyens que nous imaginons pour nous en guérir. Mais comme elles se présentent à nous accompagnées de la charge anxieuse à laquelle elles ont d'abord tenté de s'opposer, nous risquons toujours de confondre l'une et l'autre et de prendre le remède pour la cause du mal.

Dans le cauchemar, la main traverse donc un sexe féminin, se déploie et m'agrippe. Il n'y a rien après cette image. Je me réveille. Pourquoi sort-elle d'un sexe féminin ? Mais de quel côté de ce sexe suis-je, au juste ? En sort-elle, ou y entre-t-elle au contraire ? Ce rêve – et le fantasme qui le sous-tendait – est probablement aussi étroitement tributaire des conditions difficiles de ma naissance. Du fait de ma présentation par le siège, je n'échappai au risque d'étouffer qu'à être lestement tiré dehors par une main énergique... Bref, comme toujours, lorsqu'un rêve est récurrent, il s'enracine dans de multiples déterminations.

Mais le rêve n'est pas seulement un témoin plus ou moins fidèle du passé ou du présent. Il tente aussi de rendre visibles les processus psychiques eux-mêmes. Bref, il est un merveilleux metteur en scène des enjeux qui nous traversent.

Revenons encore à mon rêve. Longtemps, et bien avant de me souvenir des deux visages que j'y ai entrevus, j'ai eu l'image de la surface de l'eau au-dessus de mon visage. Et j'ai également mis longtemps à comprendre que cela ne renvoyait pas seulement à une scène vue, mais aussi à la tentative de me donner une image de mon propre état psychique à ce moment : la surface qui sépare ce qui se trouve au-dessus de l'eau de ce qui se trouve au-dessous figurait la coupure qui avait alors affecté ma personnalité entière.

Un événement qui submerge brutalement la personnalité d'angoisse provoque en effet souvent une fracture de la personnalité en deux parties, « l'une, sensible, qui est brutalement détruite, et une autre qui sait tout, mais ne ressent rien [1] ». Dans mon cas, le traumatisme générateur du clivage ne consistait pas dans cette seule et unique expérience. Il y en avait eu d'autres, plus précoces, toutes caractérisées par l'angoisse de perdre mes repères et de tomber sans rien à quoi me raccrocher. Mais ma chute dans l'eau avait pris une importance privilégiée pour trois raisons. Tout d'abord, elle était survenue assez tard pour que je m'en souvienne. Serait-elle survenue quand j'avais deux ans qu'elle ne m'aurait probablement pas laissé d'images aussi nettes. Ensuite, cet événement avait d'emblée été reconnu comme une expérience catastrophique par mon entourage, ce qui n'avait sans doute pas été le cas de beaucoup d'autres, et cet accompagnement m'avait permis de le mémoriser parce que je m'y étais senti soutenu. Enfin, cet accident avait fourni l'image qui rendait en quelque sorte visible la conséquence commune de tous mes traumatismes précoces, à savoir la fracture de ma personnalité en deux parties, l'une qui « ressentait », mais que j'avais décidé, justement pour cette raison, d'abandonner à la destruction, et l'autre qui se plaçait « au-dessus », pour juger et raisonner, mais au prix de tenir toute émotion à distance. Cette image donnait bien plus à voir qu'un traumatisme : elle rendait visible à mes yeux l'organisation qui

1. Sandor Ferenczi, *Œuvres complètes*, tome IV : 1927-1933, Paris, Payot, 1985.

en résultait pour ma personnalité. Bref, avec elle, je n'avais encore qu'une image, mais celle-ci m'éclairait déjà beaucoup sur moi-même.

L'épouvante au fond des yeux

Comme dans les films d'Hitchcock, cette scène raconte donc l'épouvante visible dans les yeux d'une femme, précisément d'une mère : celle de voir s'accomplir sous son regard la mort de son enfant et d'en éprouver déjà la culpabilité, comme d'un crime qu'elle aurait elle-même commis. La suite, comme dans Hitchcock, c'est que cette culpabilité sera transférée à l'enfant chaque fois qu'il fixera le regard maternel. La culpabilité qui habitait le regard de ma mère pouvait bien entendu avoir bien d'autres origines, liées à son histoire, à sa famille, à son enfance... En la rapportant à un événement qui me concernait, je ne faisais finalement que me rassurer sur son attachement à moi ! N'était-ce pas d'ailleurs ce que je tentais de faire depuis ma naissance ? Si je me suis dirigé droit vers ce canal, c'était peut-être avant tout pour le vérifier. La culpabilité, au bout du compte, était autant la mienne que celle de ma mère : j'avais honte de l'avoir soumise à cette épreuve, d'autant plus qu'elle n'en était pas sortie victorieuse. Il ne me restait plus qu'à essayer de me faire pardonner, et à me rendre suffisamment désirable à ses yeux pour mériter, une éventuelle fois suivante, un repêchage réussi !

Telle était donc, de toutes les possibilités concevables,

celle qui me paraissait le mieux pouvoir rendre compte de l'ensemble des caractères de cette expérience : le secret coupable avait concerné l'enfant que j'avais été, et précisément son *existence* même. Et ce qui conférait au regard maternel son pouvoir de fascination, c'est que l'enfant n'y lisait pas le désir ou l'attachement, mais l'angoisse d'une réalisation réussie. Cette mère avait vu mort, dans la réalité, l'enfant dont elle avait peut-être inconsciemment désiré la mort, et elle ne pourrait s'empêcher d'y repenser chaque fois qu'elle le regarderait.

Le miroir de la fiction

Les héroïnes mystérieuses et glaciales d'Hitchcock rejoignaient donc dans mon panthéon intime toutes les belles inconnues dont je devenais instantanément et irrésistiblement amoureux aussitôt que leur regard croisait le mien, littéralement aspiré par elles comme une poussière par un aspirateur ! Et la fascination muette qui m'enchaînait aux unes et aux autres trouvait son origine dans le mouvement qui m'avait très tôt rivé à un regard maternel énigmatique, dans l'espoir de lui trouver un sens, un peu comme les héros masculins dans le cinéma d'Hitchcock confrontés à des héroïnes opaques et captivantes. Ces films, en me donnant à éprouver à nouveau les angoisses qui avaient été précocement les miennes, m'avaient permis de me familiariser avec elles, de commencer à les maîtriser en les reliant à des images, bref de les penser et, pour peu que j'en aie eu l'envie, de les comprendre. La culture qui nous environne participe ainsi à notre travail psychique de prise de distance et de symbolisation du monde. Elle crée une sorte de miroir qui nous permet de nous reconnaître, et nous fournit même la possibilité d'en parler par fiction interposée. Car, bien entendu, j'étais à cette époque intarissable sur Hitchcock, toujours prompt à démonter les mécanismes de son suspense et à dévoiler à mes interlocuteurs les ficelles qu'il tirait à leur insu. La phrase du cinéaste sur la culpabilité était bien sûr une approximation : celle-ci ne se « transfère » pas. Elle est pour chacun une création psychique originale édifiée au carrefour de son histoire personnelle et de son environnement. Mais l'aide que nous apportent les œuvres dans la compréhension de nous-mêmes n'est pas explicative, elle est d'abord interpellative ! Le cinéma d'Hitchcock m'avait posé une question, et je m'étais attelé à y répondre.

Il est vrai que j'aurais pu tenter de le faire autrement, par exemple en utilisant cette compréhension nouvellement acquise comme un instrument de séduction. Après tout, il ne manque pas de jeunes filles qui posent aux yeux d'un homme la question que leur mère les poussait à se formuler sans cesse : « Que veux-tu que je fasse pour toi pour que ton regard soit enfin serein ? » Alors, de séduit, je serais devenu séducteur, et j'aurais tenté d'enchaîner à moi, à force de regards énigmatiques et culpabilisateurs, les proies qui seraient passées à ma portée.

Toutes les fois où nous commençons à un peu mieux nous connaître, le cynisme nous guette. Tout ce qui nous permet de prendre du recul sur nous-mêmes porte ce risque. Et c'est là que l'analyse personnelle intervient, pour éviter que la compréhension que les œuvres nous donnent sur nous-mêmes ne nous engage vers une maîtrise plus grande et un retournement contre autrui de ce qui nous a d'abord fait souffrir. C'est là qu'un analyste est utile, et c'est là que le mien me permit d'éviter de m'engager sur une route fallacieuse.

Avec lui, et grâce à sa chaleureuse attention, j'ai pu partager quelque chose de la mort psychique qui m'avait traversé sans pouvoir encore la reconnaître. Puis, fort de cette expérience nouvelle, j'ai pu, en m'appuyant sur le cinéma d'Hitchcock et la résonance qu'il avait pour moi, reconstruire un fragment de mon histoire. Toutes ces étapes m'avaient rapproché du but, mais je n'y étais pourtant pas encore...

Comme une forêt calcinée

Peut-être le lecteur a-t-il l'impression que l'histoire est finie ? Après tout, comme dans certains films d'Hitchcock, la scène traumatique originelle a été mise au jour ! Mais les choses ne sont pas si simples. J'avais bien retrouvé mon traumatisme, c'est vrai, mais un peu à la manière d'une séquence de film qu'on voit se dérouler devant soi. Le lecteur était d'ailleurs prévenu : j'ai raconté cet événement comme une scène d'un film d'Hitchcock *parce que c'est ainsi que je me le représentais moi-même.* C'est bien souvent de cette manière que fonctionne la mémoire. Nous nous souvenons d'une catastrophe que nous avons vécue, comme un accident de voiture, une chute grave, un viol ou une punition violente et injustifiée, mais c'est au prix de la regarder du dehors comme si elle était arrivée à quelqu'un d'autre. Nous nous la rappelons sans émotion particulière. L'erreur serait alors de croire que nous avons « dépassé » ce traumatisme de telle façon que nous pourrions porter sur lui un regard détaché et serein. Mais la vérité est exactement opposée : nous ne sommes pas « au-delà », mais « en deçà ». Le travail d'élaboration n'a même pas encore commencé...

Si nous agissons ainsi, il est vrai que nous avons nos raisons. La principale est que les émotions qui ont accompagné le traumatisme sont souvent nombreuses et violentes – qu'il s'agisse d'angoisse, de rage, de haine, de colère, ou de dégoût de soi – et que la confrontation avec elles risquerait d'être trop douloureuse.

Pourtant, c'est au prix de les retrouver toutes, au besoin avec les fantasmes qui les ont accompagnées, que nous pouvons prendre congé des traumatismes. Car, dévitalisés de leurs composantes émotionnelles, les souvenirs que nous gardons des drames que nous avons vécus sont également privés de toute signification.

La part des émotions

Si Hitchcock m'avait permis de faire la moitié du chemin, c'est en racontant à quelqu'un ce parcours que je pus faire la seconde. Mais, avant d'engager le lecteur à m'y suivre, rappelons d'abord les étapes parcourues jusqu'ici.

Dans un premier temps, pour me protéger d'un traumatisme, je m'étais donc « coupé en deux ». J'avais abandonné à la mort la partie de moi qui « ressentait » et décidé de n'investir que celle qui pensait, jugeait et raisonnait. Ce clivage s'était avéré utile. Il m'avait permis de survivre psychiquement et de continuer à me socialiser, même si c'était aux dépens de ma vie émotionnelle.

J'étais, comme beaucoup plus de gens qu'on ne le croit – et en particulier tous ceux qui ont vécu un traumatisme grave –, dans une disposition psychique qu'on pourrait qualifier d'« état de vie apparente » par analogie avec un « état de mort apparente ». Cela signifie que je donnais à ceux que je côtoyais le sentiment que j'étais en vie comme eux, mais que, tout au fond de moi, j'avais l'impression d'être mort parce que je ne ressentais rien. Ou, plus précisément, toutes mes capacités de ressentir étaient mobilisées sur le créneau de la catastrophe que j'avais déjà vécue afin de pouvoir y faire face au cas où elle surgirait à nouveau. Et comme j'ai eu longtemps de la peine à imaginer que cette catastrophe puisse se situer « en amont », du côté de mon passé, je l'imaginais « en aval ». Je pensais le monde bientôt plongé dans un affrontement entre deux blocs, ou bien la France divisée par une guerre civile, souterraine et invisible. J'appelais même parfois de mes vœux une conflagration généralisée en arguant que le « clivage » existait déjà entre les deux camps et qu'une franche hostilité valait mieux que cette situation larvée. Si les circonstances sociales s'y étaient prêtées, j'aurais pu devenir terroriste ! Elles en ont pourtant été proches à l'occasion des événements de mai 1968, et d'autres que moi y ont basculé. Mais à ce moment, j'avais déjà pris une autre orientation. J'avais lu Freud, commencé mes études de médecine pour devenir psychiatre, et résolument engagé un questionnement sur moi-même.

C'est pourquoi, dans un second temps, quand j'ai retrouvé le souvenir de mon début de noyade, c'était un peu comme si cet événement ne me concernait pas vraiment. Il me restait extérieur. C'était bien compréhensible. En vivant les choses de la sorte, je restais dans la logique du traumatisme, c'est-à-dire « coupé en deux », et j'écartais de moi, sans même m'en rendre compte, toutes les émotions qui auraient pu m'envahir. Je n'avais pas renoncé à celles-ci pour autant – personne n'y renonce jamais –, mais je les déplaçais sans cesse vers des événements plus anodins. Je m'émouvais de choses dont le rapport avec mon propre traumatisme me restait invisible. J'étais comme ces personnes qui, ayant fait face avec un sang-froid et un courage extraordinaires à toutes les décisions qu'un deuil impliquait, sont soudain prises d'une « incompréhensible » crise de larmes à l'idée d'un chat écrasé.

Ce clivage de ma personnalité avait donc été d'abord utile puisqu'il avait protégé ma vie psychique contre les conséquences catastrophiques du traumatisme que j'avais vécu. Puis, dans un second temps, il avait contribué à teinter mon existence des couleurs grises de la morosité. Le clivage n'est pas différent en cela de bien des moyens de défense dont l'organisme dispose et qui menacent toujours de le mettre en danger : par exemple, le processus inflammatoire qui est une manière spontanée de lutter contre les infections peut menacer l'organisme par les symptômes qu'il provoque. Heureusement, dans un troisième temps, en m'interrogeant sur mon rapport privilégié au cinéma d'Hitchcock, j'avais pu reconstituer l'existence du traumatisme et le dater. Le clivage avait ainsi à nouveau été mis à profit pour que la partie de ma personnalité capable de s'approcher de cette expérience sans rien éprouver puisse la reconstituer et la dater. J'en avais retrouvé quelques souvenirs visuels... et probablement aussi inventé quelques autres. Il ne restait plus qu'à franchir la dernière étape : permettre que ces nouveaux territoires de ma vie psychique soient irrigués par les émotions. Le moment approchait de recoller *tous* les morceaux...

Comme une forêt calcinée

L'événement se situe quelques années après le début de mon analyse. Au détour de quelques mots que j'ai aujourd'hui oubliés, je me surprends soudain à visualiser, comme si je le voyais devant moi, un territoire totalement dévasté et anéanti. Des troncs d'arbres calcinés y gisent à l'infini, comme brûlés par une explosion atomique. Je comprends que cette image est celle de mon propre psychisme ravagé par une expérience abominable. Je me mets à sangloter. Mon analyste ne paraît pas s'en émouvoir. La séance se termine dans le silence et, alors que nous sommes tous deux debout près de la porte, il déclare sans me regarder et comme s'il se parlait à lui-même : « Je suis très content de cette séance. » C'est la seule fois qu'il formulera un jugement sur le contenu de mes associations.

Sa repartie m'a d'abord choqué. Comment pouvait-il se déclarer « content » de ma souffrance ? C'est seulement plus tard que j'ai compris. Son intervention correspondait à ce qu'il m'avait expliqué un jour, à savoir qu'il convient de ne jamais rassurer un patient sur les événements dramatiques de son histoire qu'il découvre, mais qu'il est tout aussi nécessaire de ne jamais l'y abandonner à sa solitude. Puis, plus tard encore, j'ai compris l'importance que ce moment avait eue pour moi sur le chemin de donner, à mon désarroi, une *image*.

La représentation des troncs calcinés était en effet totalement différente de celles qui m'étaient venues précédemment. Ce n'était ni une image réellement vue – comme le visage de ma mère au-dessus de l'eau ou la main qui m'agrippe –, ni une image qui rendait visible ce que j'éprouvais à ce moment – comme celle de la surface de l'eau séparant deux espaces, à la manière du clivage séparant mon psychisme en deux. Cette image-là ne rendait visibles ni des choses vues ni des processus de défense. Elle métaphorisait la catastrophe elle-même : je voyais l'ampleur du désastre et je le donnais à voir en le racontant à mon analyste. J'aurais pu aussi le peindre, et la toile eût été réussie ou ratée selon que j'eusse été un bon ou un mauvais peintre. Mais elle aurait dans les deux cas tenté de dire l'intensité de ma souffrance.

Je pleurais. Non seulement je m'étais enfin donné une image personnelle de l'ampleur du drame que j'avais vécu, mais j'en avais aussi retrouvé les émotions. La métaphore donne accès à l'émotion, et l'émotion retrouvée permet de créer de nouvelles métaphores.

Bien entendu, pour que ce travail puisse être mené à bien, il est nécessaire que l'analyste sache accorder de l'importance à la fois aux émotions et aux images. C'était le cas du mien, qui utilisait souvent des métaphores pour désigner mes préoccupations ou mes activités. Ainsi, un jour où je me plaignais de manquer de temps pour développer mes recherches personnelles, coincé dans mes multiples engagements professionnels, il me dit : « Comment desserrer l'étau ? » Et une autre fois où je me félicitais qu'un projet marche bien : « Ça roule ! » Il me confia un jour que l'image était si importante pour lui que, parfois, lorsqu'il ne savait pas de quelle façon proposer une interprétation à un patient, il lui arrivait de penser très fort à l'image correspondante. « Des fois, ça marche », ajouta-t-il en souriant et en fermant les yeux. Je ne sais si c'est ce qu'il fit avec moi...

Venir à bout des effets d'un traumatisme

Les personnes qui ont été victimes de traumatismes graves peuvent parfaitement se construire des vies réussies, comme l'ont montré de nombreux travaux américains depuis un quart de siècle[1]. Mais on oublie en général de dire que c'est le plus souvent au prix d'une très forte distanciation émotionnelle. La mise à distance des émotions a été une stratégie de survie pour ces personnes, et c'est celle qu'elles adoptent à nouveau

1. Comme J. Segal, *Winning Life's Toughest Battles. Roots of Human Resilience*, New York, Mac Graw Hill, 1986 ; ou encore E.J. Anthony et B. Cohler, *The Invulnerable Child*, New York, Guilford Press, 1987.

toutes les fois où elles se sentent menacées, que ce soit par des difficultés réelles... ou par des craintes imaginaires. Cela les rend souvent redoutables dans leur travail – rien n'entame leur détermination – et remarquablement efficaces dans les situations exceptionnelles – elles ne sont pas troublées par les émotions. Mais cela contribue aussi à les rendre très pénibles dans la vie quotidienne, notamment familiale ! Face à la moindre difficulté, elles coupent toute communication émotionnelle et deviennent froides et distantes, y compris dans les moments où leurs proches attendent d'elles attention, chaleur et réconfort. Bref, ces personnes – qu'on désigne parfois comme « résilientes » sous l'effet de l'influence américaine – soumettent souvent leur famille à rude épreuve : elles ne supportent pas que les autres aillent mal (elles ont vécu des choses si difficiles !), qu'on pleure (elles ne pleurent jamais), et encore moins qu'on se plaigne (elles y ont renoncé une fois pour toutes) !

Et non seulement ces personnes ne montrent guère d'empathie pour les manifestations émotionnelles d'autrui, mais elles sont même souvent agressées lorsqu'on leur en témoigne. Un mot de travers ou un regard ambivalent peuvent réveiller leurs souffrances profondes et être interprétés de leur part comme un rejet. Bref, avoir avec ces personnes des relations de proximité peut relever d'un défi quotidien. C'est pourquoi leurs enfants souffrent souvent de difficultés psychiques. Ils pressentent que leur parent a vécu des choses particulièrement pénibles ou imaginent qu'il puisse s'être rendu coupable de délits indicibles[1].

C'est la raison pour laquelle les psychanalystes qui ont pris en charge les victimes de traumatismes graves ont très vite compris que la stratégie proposée par Freud pour les aider était insuffisante. Pour le père de la psychanalyse, le patient était en effet invité à se rappeler les circonstances de son traumatisme et, lorsqu'il n'y parvenait pas, le psychanalyste s'efforçait de les reconstruire grâce à des interprétations. Au même moment, le psychanalyste Sandor Ferenczi insistait sur d'autres aspects. Pour lui, il était essentiel que le patient éprouve, dans sa cure, ce qu'il n'avait pas éprouvé au moment de son traumatisme[2]. Mais comment expliquer que quelque chose ait pu être « vécu » sans être « éprouvé » ? C'est parce que, comme nous l'avons précédemment évoqué[3], la personnalité se coupe en deux au moment du traumatisme pour éviter d'être totalement détruite par le choc. Le but de la thérapie est alors de faire en sorte que ces deux morceaux disjoints se rejoignent à nouveau. Et le signe que le patient y parvient est qu'il éprouve, dans sa sensibilité et son corps, ce qui ne l'avait encore jamais été auparavant en raison d'un enfermement brutal de

1. Sur les conséquences de telles situations, on peut consulter mon ouvrage *Secrets de famille, mode d'emploi*, Ramsay, 1996 (rééd. Marabout, 1997).

2. S. Ferenczi, *Psychanalyse 4, Œuvres complètes*, tome IV, *op. cit.*

3. *Infra*, chapitre 4.

l'expérience traumatique dans une sorte de « placard » tenu à l'écart du reste de la personnalité.

Mais on peut ajouter un troisième moment à ce travail de reconstruction consécutif à un traumatisme. L'important n'est plus tant de se souvenir, comme pour Freud, ni même d'éprouver enfin la catastrophe ancienne, comme pour Ferenczi, mais de s'en donner une image. Non pas une image « réaliste » – nous serions alors encore dans le domaine de la reconstitution –, mais une *métaphore*.

Revenons à l'événement traumatique personnel que j'ai souhaité raconter ici. Reconstruire son histoire n'avait constitué, nous l'avons vu, qu'une partie du chemin sur la voie de son dépassement. En m'appuyant sur la présence chaleureuse de mon analyste, j'avais pu ensuite m'en donner une *métaphore*. Et j'avais compris du même coup que mon travail avec lui avait consisté à me rapprocher pas à pas de ce moment, en renforçant ma capacité à canaliser mes angoisses vers une image où elles prennent forme. Car cette visualisation ne m'avait pas seulement permis de saisir en un instant l'étendue des ravages provoqués dans mon psychisme par une expérience précoce et catastrophique. Elle avait aussi rendu possible son partage avec un tiers. Et, inversement, c'est parce que son partage avait été rendu possible par l'attitude de mon analyste que cette image avait pu s'imposer.

Le psychanalyste Jean Laplanche disait des cures qu'elles passent par des moments successifs qui sont un peu comparables à une spirale ascendante. Chaque fois qu'il accomplit un nouveau tour, le patient se rapproche un peu plus des problèmes qui ont marqué son histoire. Il se familiarise successivement avec chacun, l'abandonne pour un autre, revient au précédent, et ainsi de suite. À chaque passage, il y a un peu moins d'angoisse. Le calme intérieur vient enfin. Mais Laplanche a oublié d'indiquer que la construction d'une métaphore de la catastrophe intérieure, lorsqu'elle a eu lieu, obéit à la même nécessité et au même trajet. Elle complète le travail indispensable du patient sur son histoire par la conquête d'une représentation à partir de laquelle il peut enfin construire sur du solide. Car là où la compréhension intellectuelle dessèche et confronte à la solitude, la métaphore nourrit et socialise.

Être amoureux de son traumatisme

Lorsque nous ne parvenons pas à nous construire des métaphores d'un traumatisme, le risque est que nous fassions de cette impossibilité une vertu, et que nous finissions par penser qu'il est légitime de garder certains événements de notre histoire *à l'écart de notre vie psychique*. Ici s'origine la relation littéralement « amoureuse » que certains entretiennent avec un événement douloureux qu'ils ont vécu.

On peut être amoureux d'un homme ou d'une femme, d'un symptôme – en fait, il s'agit toujours d'aimer à travers celui-ci quelqu'un qui éprouvait les mêmes souffrances –, mais aussi d'un traumatisme. Et c'est de loin la situation la plus difficile ! Car l'amoureux de son traumatisme est muré dans une solitude totale dont il ne parvient même pas à mesurer l'ampleur. C'est un peu comme être amoureux d'une personne qui nous fait du mal. L'amour que nous lui portons nous rend à son égard d'une indulgence coupable. Il y a des femmes qui se plaignent d'être frappées par leur mari, mais, quand cela arrive, elles acceptent les coups, pleurent et lui disent qu'elles l'aiment en nettoyant les plaies qu'il leur a faites. Et il y a des hommes dans la même situation, qu'il s'agisse de violences physiques ou morales, et qu'elles soient le fait d'un collègue, d'un frère, d'une sœur ou d'une conjointe. On est prêt à tout pardonner à celui ou celle dont on est amoureux, voire à admirer des gestes ou des attitudes que l'on condamnerait s'ils étaient accomplis par d'autres. De la même manière, être amoureux de son traumatisme rend aveugle. Nos symptômes les plus graves ne sont pas forcément ceux dont nous souffrons le plus, mais ceux dont nous sommes amoureux à notre insu. Nous y sommes attachés comme s'il s'agissait de notre identité profonde. Or, dans la mesure où c'est le renoncement à se *représenter* le traumatisme qui est la clé de voûte de l'amour qu'on lui porte, ce renoncement finit par être érigé en valeur absolue.

Ces « amoureux » de leur traumatisme sont nombreux. Ils se reconnaissent à leur capacité de parler de choses terribles sans émotion apparente. À la limite, l'événement traumatique qu'ils ont vécu peut avoir été partiellement remémoré, mais, quand ils l'évoquent, on a l'impression que c'est pour rester à sa porte. Ils ne manifestent aucune des émotions auxquelles on pourrait s'attendre et n'évoquent aucune métaphore à travers laquelle ce qu'ils ont vécu recevrait un début de réécriture intérieure.

Au contraire, la métaphore permet à la fois de maîtriser le traumatisme vécu et de le dépasser. Grâce à elle, les émotions retrouvent droit de cité, mais chacune à tour de rôle, ce qui les rend mieux contrôlables. D'un accident de voiture, elles fabriquent par exemple plusieurs situations émotionnelles et visuelles fortes : une vitre éclatée évoque l'angoisse de se briser, un animal vu de face et qui bondit représente la peur d'être écrasé, et une coulée de lave rouge renvoie à une blessure brûlante et à l'inquiétude de se vider de son sang. Les rêves sont de grands pourvoyeurs de telles métaphores[1], et c'est pourquoi ceux qui sont amoureux de leur traumatisme ne se souviennent en général pas des leurs ! Ils vivent dans les joies et les peines concrètes de leur vie quotidienne, coupés de ces ressources imaginatives profondes de leur personnalité, et au prix de plonger parfois dans des états douloureux dont ils n'ont jamais la clef.

Les bienfaits des métaphores

Les métaphores permettent donc à ceux qui ont vécu un traumatisme de s'en donner des représentations per-

1. C. Barrois, *Les Névroses traumatiques*, Paris, Dunod, 1998.

sonnelles suffisamment proches pour qu'ils se familiarisent avec lui, et en même temps assez éloignées pour ne mobiliser qu'une partie seulement des émotions qui y ont été éprouvées, ce qui permet de les cadrer et de les contenir facilement. Et inversement, si nous ne parvenons pas à nous donner de telles métaphores, cette impossibilité porte son ombre sur l'ensemble de notre fonctionnement psychique.

Mais il nous faut encore préciser que ces métaphores ne sont pas forcément de nature visuelle. Pour ce qui me concerne, l'environnement culturel dans lequel j'ai baigné a été très tôt organisé par les images, notamment la bande dessinée et la télévision. Les cases et les écrans ont rempli pour moi le rôle joué pour d'autres par la musique, les livres ou la peinture : une activité encouragée par une approbation familiale, même si nous n'en parlions jamais, et qui était un réservoir inépuisable d'émotions, de pensées et de rêveries. C'est pourquoi le rôle pris pour moi par une image peut être joué pour d'autres par une musique, un son, un agencement de syllabes, voire une impression tactile. Ce serait une erreur – voire une forme de résistance à la découverte de sa propre vie psychique – de croire que celle-ci se fonde nécessairement dans une ou plusieurs images, autant que de penser qu'elle ne peut se fonder que dans le langage. En revanche, ce qui est capital dans chacune de ces expériences, c'est qu'elles fassent appel à des significations secondes, autrement dit qu'elles fonctionnent comme des métaphores. Car dans l'image, ce n'est pas la dimension visuelle qui importe, mais le processus par lequel il devient possible de commencer à penser ce qui ne pouvait pas encore l'être. Une phrase, une attitude ou une image peuvent chacune indiquer cette voie. C'était déjà la leçon des « Trinités » du Moyen Âge : que l'on choisisse de mettre en mots, en images ou en gestes une partie du drame qu'on a ressenti, l'important est toujours de trouver un interlocuteur qui en accepte le message, en reconnaisse la validité et l'accompagne.

En outre, lorsque le terrain d'un événement enfoui commence à être défriché, les gestes, les sons, les odeurs ou les images deviennent soudain plus présents, comme si ces parcelles de connaissance s'ouvraient ensemble et que chacune contribue à sa manière à reconstituer le paysage disparu. C'est ce qui m'arriva. Retrouver les images vues dans mon début de noyade, puis me donner des représentations de mon désarroi intérieur m'accorda du même coup une bien plus grande disponibilité à d'autres expériences enfouies, que ce soit sous la forme de mots, de sons, d'émotions, ou de sensations.

Épilogue

C'est ainsi qu'un jour, à l'occasion d'un passage à Grenoble, je visitai une exposition qui me fit porter sur mon passé un regard encore différent. Dans chaque salle, un texte enregistré était diffusé en continu, accompagné de quelques photographies de la région habitée par celui qui le disait. Tous étaient des personnes âgées du Dauphiné parlant diverses formes de « patois », que le dictionnaire Petit Robert définit comme « un dialecte local employé par une population généralement peu nombreuse, souvent rurale, et dont la culture et le niveau de civilisation sont inférieurs à ceux du milieu environnant qui emploie la langue commune »...

À vrai dire, les variantes entre ces divers parlers ne m'intéressaient guère, mais leur musicalité commune me captivait. Dès la première salle, je fus même pris d'un sentiment d'excitation qui m'est bien inhabituel dans un musée, et je passai d'un enregistrement à l'autre avec une émotion grandissante...

Ma grand-mère paternelle, qui s'était beaucoup occupée de moi dans mon jeune âge, était morte quelques années auparavant. Originaire d'un petit village ardéchois, elle s'était ensuite exilée à Valence avec son mari et mon père, alors tout jeune. Mes grands-parents avaient fait partie de ces habitants des régions rurales obligés par le bonnet d'âne, la mise au piquet et les coups de règle sur les doigts à renoncer à l'usage de leur langue d'origine sous prétexte de renforcer la cohésion républicaine. Et mon père s'était trouvé embrigadé malgré lui à faire respecter cette obligation absurde. Lorsque j'étais enfant, combien de fois l'ai-je entendu reprocher à ma grand-mère les rares expressions de patois qui lui échappaient et lui ordonner, sans doute comme ses maîtres l'avaient fait pour lui, de « parler français » ! Mais si la consigne était respectée en présence de mon père, ce n'était certainement plus le cas dès qu'il avait le dos tourné, car comment imaginer, sinon, que cette exposition m'ait plongé dans un tel état ? Le patois rugueux et chaud du pays d'Oc avait très probablement bercé mon enfance même si je n'en avais aucun souvenir conscient... J'imaginais ma grand-mère parler et chanter en patois au bébé que j'étais, profitant du fait que mon père était à son travail et ma mère occupée ailleurs pour me transmettre secrètement sa langue d'origine. Et mon grand-père paternel faisait probablement de même, d'autant que c'est vraisemblablement en patois que mes grands-parents se parlaient entre eux !

Je comprenais maintenant que la mort de mon grand-père ne m'avait pas seulement confronté à la disparition d'un être cher et à la tristesse brutale de tous mes autres interlocuteurs familiaux. Elle avait aussi représenté une rupture définitive avec mon environnement sonore familier. Il est en effet probable que ma grand-mère, perdant avec lui son seul interlocuteur en langue vernaculaire, avait cessé de parler patois au même moment. La musique d'oc s'était donc brutalement tue.

À douze ans, à l'âge où un jeune garçon se préoccupe d'avoir un costume neuf, des chaussures à la mode ou une motocyclette, je mis à contribution chacun des membres de ma famille pour m'acheter un magnétophone. Était-ce pour tenter de retrouver magiquement les voix perdues ou bien pour m'assurer de garder définitivement la trace de toutes celles qui pouvaient encore disparaître et me manquer cruellement ? Quoi qu'il en soit, à l'âge où d'autres se tournent vers les filles, et vers les corps, je me préoccupais, moi, de recueillir des voix...

Un autre souvenir me revenait encore en mémoire : le choc que j'avais ressenti, à l'âge de quatorze ans, lors de mon premier voyage en Italie. C'était le même sentiment étrange de me sentir soudain plongé dans une sorte de préhistoire de mon histoire, le même envoûtement sonore. Il faut dire que sept ans d'apprentissage scolaire de l'anglais ne m'ont jamais permis d'articuler la moindre phrase dans cette langue, alors que quelques mois seulement d'étude de l'italien m'ont permis de le parler avec un accent très convenable, même si c'était bien sûr avec de nombreuses incorrections. Comme le disait mon professeur d'alors, la musique y était... La langue de la péninsule renouait-elle le fil du patois perdu ? Quoi qu'il en soit, j'ai gardé l'habitude d'être attentif au timbre et aux intonations de ceux qui me parlent. Je suis également devenu psychanalyste. J'écoute désormais des voix qui viennent à moi et dont je sais qu'elles me quitteront un jour...

Il arrive ainsi qu'une image ouvre le chemin d'une musique, qui ouvre elle-même le chemin d'un comportement dont la signification s'est perdue, ou d'une nouvelle image, dans un jeu de résonances et de renvois sans fin. Les retrouvailles avec notre passé enfoui, une fois amorcées, ne s'arrêtent jamais. Qu'y gagnons-nous ? De fonder notre identité sur nos expériences les plus personnelles, et donc de nous sentir à la fois plus proches de nous-mêmes et moins sensibles aux jugements des autres. Ce travail ne nous éloigne pourtant ni de nos proches, ni de notre environnement, puisqu'il s'appuie à la fois sur l'ensemble de la culture qui nous entoure et sur le lien privilégié établi avec quelques intimes, dont un psychanalyste fait parfois partie...

Guérir de ses traumatismes

Il est beaucoup question, aujourd'hui, de « guérir de ses traumatismes », voire de « rebondir » à partir d'eux. Mais dans ce domaine, que signifie « guérir » ? Une étude américaine menée il y a un quart de siècle [1], consacrée à des personnes qui semblaient avoir surmonté leur enfance catastrophique, a montré qu'il est souvent très difficile de faire la différence entre celles qui ont réellement dépassé les effets d'un traumatisme et celles qui en donnent seulement l'impression. Certaines semblent en effet parfaitement sorties d'affaire... mais s'effondrent à la suite d'un événement anodin qui fait en quelque sorte sortir leur traumatisme passé du « placard » où elles l'avaient jusque-là enfermé. De telles personnes sont un peu comme des « colosses aux pieds d'argile », porteuses d'une faiblesse inconnue d'elles-mêmes et souvent invisible à leur entourage. Cette étude américaine avait précisément pour but de mieux comprendre les mécanismes par lesquels d'anciens « traumatisés de la vie » peuvent

1. E.J. Anthony et B. Cohler, *The Invulnerable Child*, *op. cit.*

avoir des vies heureuses et réussies. Sa préface indiquait qu'elle était consacrée à... « la question essentielle de la résilience » !

Les habits neufs de la résilience

L'idée de quelque chose qui résiste aux pressions sans trop se déformer ou en pouvant retrouver sa forme, un peu comme un ressort, existe aux États-Unis depuis longtemps. Paul Claudel écrit d'ailleurs dans *L'Élasticité américaine* : « Il y a dans le tempérament américain une qualité que l'on traduit là-bas par le mot *resiliency*, pour lequel je ne trouve pas en français de correspondant exact, car il unit les idées d'élasticité, de ressort, de ressource et de bonne humeur [1]. »

Dans le champ de la psychologie, Redl a introduit le concept d'*ego resilience* en 1969 ; puis a été décrit le phénomène appelé *invulnerable children* ; enfin, au milieu des années 1980, plusieurs ouvrages consacrés à la « résilience » ont été publiés, analysant le destin réussi d'individus que leur enfance catastrophique semblait pourtant promettre à un sombre avenir [2]. Aux États-Unis, cependant, rien de comparable à l'extraordinaire engouement que connaît aujourd'hui ce concept en France. Pourquoi ?

---

1. Paul Claudel, *Œuvres en prose*, Paris, Bibl. de la Pléiade, p. 1205.
2. Notamment S. Segal, *op. cit.*, et E.J. Anthony et B. Cohler, *op. cit.*

D'abord grâce à un génial tour de passe-passe... La résilience, qui est aux États-Unis une vertu sociale associée à la réussite, est devenue en France une forme de richesse intérieure. Il ne s'agit plus, comme dans la version américaine, d'orienter sa vie pour connaître le succès, mais de « chercher la merveille [1] » ou encore de « cultiver l'art de rebondir [2] ». Pourtant, sous cette séduisante parure, le produit reste le même.

L'opération « habits neufs » commence avec la métaphore de la perle dans l'huître : celle-ci réagit à l'introduction d'une impureté dans son organisme – comme par exemple un grain de sable – par un travail qui aboutit à la fabrication de ce merveilleux bijou qu'est une perle. Nourri par une métaphore aussi précieuse, le mot devient commercial : chacun veut avoir sa perle ! C'est ainsi qu'un collègue, qui évoquait le décès de son père et « la forme éblouissante » de sa mère, s'entendit répondre par une dame : « Oui, c'est vrai, nous autres, les femmes, nous sommes plus résilientes. » La résilience assimilée à l'adaptation sociale sentirait le soufre, mais comparée à un bijou longuement « sécrété » et poli par l'organisme, elle suscite chez chacun le désir de s'en parer ! Autre exemple. Un tract, distribué à l'entrée d'une université, appelle à une société plus juste et plus égalitaire. Il se termine par cette phrase : « Battons-nous

1. Selon l'expression de Boris Cyrulnik dans *Un merveilleux malheur*, Paris, Odile Jacob, 1999.

2. Sous-titre d'un ouvrage de Rosette Poletti et Barbara Dobbs consacré à *La Résilience* (Éd. Jouvence, 2001).

pour une société nouvelle où tout le monde aurait sa chance (grâce à la résilience). » Le concept, né de la psychologie sociale américaine, n'a aucune difficulté à y retourner : le but n'est plus d'apporter à chacun l'eau courante, des logements salubres, la démocratie et un travail digne, mais... « la résilience » ! À la limite, la pression sociale n'a plus d'importance : ceux qui sont résilients « rebondiront », les autres pourront toujours avoir affaire au psychologue, au psychiatre, ou à un « tuteur » éventuellement bénévole.

Le lecteur juge peut-être qu'il s'agit là d'usages caricaturaux et abusifs qui n'entament en rien la valeur du concept. Nous allons essayer de montrer le contraire.

Un concept triplement équivoque

Le mot « résilience » est d'abord ambigu car il masque le caractère toujours extrêmement fragile des défenses développées pour faire face aux traumatismes. La résistance psychique s'apparente dans son évolution à la résistance physique face à un cancer connu. Le patient est aidé, traité au mieux, mais nul ne maîtrise ses rechutes possibles. Et c'est seulement lorsque le malade est mort que l'on peut dire, selon le cas, qu'il a bien résisté ou non ! Dans le domaine de la résistance psychique aux traumatismes, tout peut toujours basculer de manière imprévisible, notamment sous l'effet d'une expérience existentielle comme le décès d'un proche, l'éloignement d'un être cher ou même un simple déménagement. La

« résilience » est peut-être belle comme une perle, mais elle n'est jamais aussi solide ! Or le problème réside dans le fait qu'on a pourtant toujours tendance à la considérer comme un fait acquis, ou à acquérir.

Le second reproche qu'on peut faire à l'usage de ce mot est de masquer la grande variété des processus de défense destinés à lutter contre les conséquences d'un traumatisme[1]. À un extrême, le traumatisme peut être évoqué répétitivement par des gestes symboliques, des images ou des mots, tandis qu'à l'autre extrême, il peut être enfermé au fond de soi dans une sorte de « placard psychique » où on tente de l'oublier. Et dès que l'on prend en compte la vie sociale, tout se complique encore. Certains de ces mécanismes contribuent en effet à renforcer la capacité d'affirmer ses choix personnels, tandis que d'autres poussent à une adhésion inconditionnelle à son groupe.

Enfin, la troisième raison pour laquelle ce concept est discutable est qu'il recouvre des processus d'aménagement des traumatismes qui profitent à la fois à l'individu qui les pratique et à ses proches, et d'autres par lesquels l'ancienne victime d'un traumatisme « rebondit » aux dépens de ceux qui l'entourent. Cette confusion n'est pas un hasard. La « résilience » est inséparable de la conception d'un « Moi autonome » développée par la psy-

1. Citons les formes de clivage – compliquées ou non de projection –, le refoulement et les diverses modalités de symbolisation de l'événement traumatique, que ce soit avec des comportements, des images ou des mots.

chologie américaine, et qui n'est autre qu'une instance favorisant la réussite des « plus aptes ». La « résilience » est de ce point de vue un concept qui évoque plus la « lutte pour la vie » chère à Darwin que la distinction morale. Et c'est bien là que la confusion menace. Car, derrière ce mot, le mythe de la Rédemption n'est pas loin, le résilient étant censé avoir dépassé la part sombre de ses souffrances pour n'en garder que la part glorieuse et lumineuse. On entend aujourd'hui de plus en plus de gens parler de leur « résilience » comme si c'était une qualité à porter à leur crédit, voire quelque chose qui pourrait nourrir l'estime d'eux-mêmes. Mais, à les écouter, on se prendrait parfois volontiers à plaindre leur entourage...

Quand le résilient tue

J'ai connu quelqu'un qui avait grandi dans une famille où existait un secret grave. Il en avait d'abord terriblement souffert, mais avait finalement réussi une promotion exceptionnellement rapide. Il se disait fier d'être capable de dissimuler avec beaucoup d'habileté le fonctionnement réel de son entreprise aux syndicats, et d'arriver, pour cette raison, à manipuler efficacement ses « employés » – qui étaient symboliquement ses enfants. Cet homme, avec la découverte du mot de résilience, avait appris à décrire son parcours d'une manière qui le gratifiait. Réchappé du camp des humiliés et des perdants où il avait failli basculer, il ne s'était pas laissé

« écraser » par ses traumatismes d'enfant, il avait sécrété sa « perle ». Soit. Mais nous sommes ici du côté de valeurs qui n'ont rien à voir avec la psychologie et tout avec l'adaptation sociale qui fait, aux États-Unis, de la réussite l'équivalent de la vertu.

Enfin, non seulement le « résilient » peut devenir une source de traumatismes graves pour les autres, y compris sa propre famille, mais il peut même parfois déployer une grande énergie destructrice. N'oublions pas que les kamikazes du 11 septembre ont dans l'ensemble été décrits comme de bons maris, de bons parents et éventuellement de bons éducateurs, malgré des parcours personnels pour la plupart difficiles. Bref, ils étaient exemplaires, jusqu'à leur acte suicidaire et meurtrier, d'une solide résilience, comme l'était aussi David Hicks, celui qu'on a surnommé « le taliban australien [1] ». S'ils s'étaient sortis de leur passé douloureux, c'était au prix de devenir des sortes de « monstres dormants », adaptés et généreux, jusqu'à ce que des circonstances exceptionnelles les révèlent, comme cela s'est d'ailleurs passé en Allemagne entre 1933 et 1945, ou en ex-Yougoslavie plus récemment. Dans la pratique clinique, il n'est pas rare de rencontrer des patients dont l'organisation psychique correspond à ce schéma. Du point de vue de leur existence familiale et sociale, ils semblent avoir parfaitement surmonté leurs graves traumatismes d'enfance. Ils

1. Cet Australien de vingt-six ans, membre supposé du réseau Al-Qaida, arrêté dans les camps de talibans au nord de l'Afghanistan le 9 décembre 2001 (*Le Monde*, 29 décembre 2001).

sont « polis, respectueux, sérieux et honnêtes » comme l'était David Hicks[1]. Et pourtant, leur haine vis-à-vis de leurs parents ou de leurs éducateurs maltraitants reste intacte et ne demande qu'à être déplacée vers un ennemi que leur groupe leur désigne, permettant du même coup de mettre définitivement hors de cause ces parents ou ces éducateurs.

En pratique, pas plus qu'on ne peut savoir si une guérison apparente est stable ou pas, on ne peut déterminer à quoi correspond un altruisme apparent chez une personne qui a vécu un traumatisme. Il peut en effet résulter d'un dépassement réussi de celui-ci, mais aussi de la mise en sommeil d'une haine inextinguible pouvant conduire, plus tard, à réaliser un acte de violence inexplicable comme moyen de rendre vie à cette partie de soi à laquelle on n'a jamais voulu renoncer.

C'est pourquoi les différents psychanalystes qui se sont intéressés à la résistance aux traumatismes[2] ont abandonné l'idée de ranger sous un même vocable des phénomènes qui résultent autant de l'environnement que des possibilités psychiques propres à chacun, et qui peuvent contribuer à des personnalités aussi différentes que Staline ou Mère Teresa. Leur prudence semble avoir été fondée, surtout si l'on en juge par l'usage courant qui est fait aujourd'hui du mot de « résilience ». Il paraît

1. *Ibid.*

2. Que ce soit Sandor Ferenczi avec la dynamique du clivage, Anna Freud avec l'étude des mécanismes de défense ou encore Winnicott avec la crainte de l'effondrement comme signe d'une catastrophe psychique qui a déjà eu lieu dans le passé du sujet.

correspondre à celui de ces mécanismes qui est à la fois le plus problématique et le plus trompeur, à savoir un clivage soutenu par un lien social capable d'ensommeiller, pour un temps indéterminé, le monstre tapi au creux de personnalités meurtries...

Circonscrire, dater et inscrire l'événement traumatique dans son histoire

En pratique, le travail de détachement d'un traumatisme nécessite plusieurs étapes successives. Tout d'abord, la rencontre avec lui s'organise essentiellement autour de la dimension affective : des films, des livres, des spectacles mobilisent des réactions sans commune mesure avec leur contenu, dans la mesure où ils tirent leur puissance de pouvoir rappeler au jour des émotions enfouies. C'est ainsi qu'un homme qui n'avait pas versé une larme au décès de son épouse se mit à pleurer sans qu'on puisse l'arrêter en apprenant la mort de son chien. Et qu'une femme qui avait traversé avec une apparente sérénité les épreuves de la mort de son fils sombra dans une dépression grave juste une année plus tard, après avoir vu un film de fiction qui évoquait une histoire proche de la sienne. En revanche, une fois le traumatisme mis au jour et remémoré, de telles rencontres avec soi ne sont plus ni imprévisibles, ni ravageuses.

La première étape consiste donc à reconnaître que nos émotions présentes tirent leur force... de notre passé. Ce n'est pas toujours facile, dans la mesure où nous avons spontanément tendance à rapporter ce que nous éprouvons à notre actualité. Cette étape est accomplie lorsque nous acceptons que des émotions vécues dans notre présent soient en fait liées à des expériences passées, même si celles-ci ne sont pas encore clairement identifiées. Les émotions ainsi retrouvées sont en quelque sorte *circonscrites*. Cette étape, aussi essentielle soit-elle, n'est pourtant que la première.

La seconde consiste à reconstruire le traumatisme, à l'identifier et à le dater. Le clivage, qui permet d'explorer la mémoire à l'abri des émotions, rend ainsi parfois de bons services...

Dans un troisième temps, cette reconstruction est mise en relation avec les émotions éprouvées lors du traumatisme initial. Celles-ci ne sont plus seulement *circonscrites*, mais *inscrites*, c'est-à-dire explicitement rapportées à un événement qui est remémoré et qui peut faire l'objet d'un discours.

Enfin, l'événement traumatique inaugural, maintenant reconnu dans toutes ses composantes, peut être *métaphorisé* par celui qui l'a vécu.

Ces métaphores sont comme des ré-interprétations, à chaque fois différentes, d'une partition connue, et constituent des sortes d'aller et retour entre le traumatisme et ses innombrables figurations possibles. Là encore, le rêve apporte parfois sa contribution à leur construction. Un ami dont les parents avaient été déportés me raconta un rêve survenu quelques années après leur mort. Ses parents sont partis en voyage et il cherche à leur parler en utilisant son téléphone portable, mais il n'arrive à joindre qu'une messagerie. Celle-ci indique que les numéros qu'il demande n'existent plus. Il s'inquiète alors vivement et craint qu'il leur soit arrivé quelque chose. Puis toujours dans son rêve, il se rassure en se disant : « Que je suis bête, ils n'ont pas de portables ! » Sans être grand psychanalyste, le lecteur a bien entendu compris que cette phrase, à une élision près – élision d'ailleurs souvent faite dans le langage parlé – résonne comme : « ils – z – ont pas déportables » ! Et il ne sera pas étonné d'apprendre que ce rêve a marqué une étape importante du travail de deuil de cette personne. C'est bien compréhensible : il ne met pas seulement en scène le désir du rêveur de retrouver ses parents vivants. Il joue aussi avec le traumatisme indirect qu'a représenté pour lui cette déportation, dans la mesure où elle les faisait souffrir sans qu'ils lui en parlent et sans qu'il en comprenne la nature.

La métaphore a le pouvoir de transformer les sensations et les états traumatiques en représentations évolutives, transformables et combinables avec d'autres. En produire, c'est réintroduire la dimension de la créativité là où le traumatisme l'avait ébranlée.

Quand la métaphore est socialement impossible

Comme tous les mécanismes psychiques impliqués dans la résistance aux traumatismes, la capacité de se donner des métaphores ne relève pas seulement des possibilités psychiques personnelles de chacun, elle est également considérablement aidée – ou gênée – par les représentations sociales disponibles. Il existe ainsi des situations historiques qui génèrent une attitude de clivage psychique chez une majorité des membres d'une communauté indépendamment de leurs prédispositions personnelles. L'historien George Mosse a par exemple montré que c'est ce qui s'était passé, lors de la première guerre mondiale, autour des atrocités vécues et infligées dans les tranchées des deux côtés [1]. Le fait que ce clivage s'accompagne d'une stigmatisation en Allemagne, alors qu'il était vécu comme la condition de la victoire dans les pays alliés, a poussé les peuples allemand et autrichien à écarter toute représentation de la souffrance et de la mort. L'esthétique nazie, puis l'organisation des camps d'extermination – avec l'idée d'anéantir chez les déportés toute représentation de leur propre mort et du sens éventuel qu'elle pourrait prendre [2] – auraient alors constitué l'aboutissement de cette logique [3]. Autrement dit, si les nazis ont construit un art et une machine à exterminer qui sont, chacun à leur manière, des négations du pouvoir de la métaphore, c'est parce que celle-ci avait au préalable été assassinée en eux-mêmes par l'impossibilité de se représenter les traumatismes vécus et infligés pen-

1. George L. Mosse, *De la Grande Guerre au totalitarisme, la brutalisation des sociétés européennes*, Paris, Hachette, 1999.

2. Jean-Luc Nancy, « La représentation interdite », in Jean-Luc Nancy et coll., *L'Art et la Mémoire des camps*, Paris, Le Seuil, 2001.

3. Voir à ce sujet « Peut-on représenter la souffrance et la mort ? », in S. Tisseron, *Les Bienfaits des images*, Paris, Odile Jacob, 2002.

dant la première guerre mondiale. Cette néantisation de la métaphore a eu un aboutissement : les camps d'extermination. C'est pourquoi après Auschwitz, et contrairement à ce qui a pu être dit, la poésie est plus indispensable que jamais...

En outre, de son côté, la psychanalyste Alice Miller a montré comment cette configuration psychique particulière avait été préparée, depuis un siècle, par un système éducatif qui faisait du clivage des souffrances vécues sa clé de voûte[1], notamment en interdisant à l'enfant toute question sur les raisons des mauvais traitements qui pouvaient lui être infligés : « Il n'y a pas de pourquoi » était la réponse stéréotypée faite à l'enfant curieux, et il ne faut pas s'étonner qu'elle soit devenue celle que les nazis et leurs kapos opposaient aux déportés[2].

Toutes les situations de clivage de souffrance vécues ne conduisent heureusement pas à des actes barbares, mais toutes comportent ce risque. En effet, chaque fois que quelqu'un renonce à se donner une représentation d'un événement traumatique, il s'engage sur la voie de devenir potentiellement un bourreau, c'est-à-dire une créature sans état d'âme face à la souffrance d'autrui, de la même manière qu'il reste sans émotion face à la sienne propre. Cela ne signifie bien entendu pas qu'il le devienne à tout coup, mais qu'il accède à la possibilité de le devenir. Le reste est affaire de circonstances. Entre l'employé d'une dictature qui classe des documents ou

1. Alice Miller, *C'est pour ton bien*, Paris, Aubier, 1984.
2. Primo Levi, *Si c'est un homme*, Paris, Julliard, 1987.

manipule des aiguillages pour envoyer des prisonniers à la mort, et le gardien qui veille à la bonne marche d'un camp, la différence est moins grande qu'on ne veut le croire[1]...

C'est donc seulement l'existence d'un travail métaphorique autour de la catastrophe vécue qui permet de considérer qu'elle est en voie d'être dépassée. Cette métaphore est toujours éminemment personnelle et participe à la construction de la personnalité dans sa subjectivité la plus radicale. Mais une fois appropriée par d'autres, elle peut aussi contribuer à la résolution collective de traumatismes vécus par un groupe. Elle participe alors également à l'enrichissement de toute la communauté. C'est une des fonctions des monuments ! Ils ne sont pas érigés seulement pour rappeler un événement – une simple plaque y suffirait – mais pour proposer à tous la métaphore que celui-ci a inspirée à un artiste. Et, si l'œuvre est réussie, elle survit en général longtemps à la mémoire de l'événement lui-même. Nombreux sont ceux qui admirent aujourd'hui l'Arc de triomphe sans trop savoir quel événement il a d'abord été chargé de commémorer.

C'est un peu ce qui s'était passé pour moi avec les films d'Alfred Hitchcock ! Les propos qu'il tient à François Truffaut semblent indiquer que son œuvre était une

1. Ceux qui en doutent liront avec intérêt Christopher R. Browning, *Des hommes ordinaires, le 101e bataillon de réserve de la police allemande et la solution finale en Pologne*, Paris, Les Belles Lettres, 2002.

suite de variations autour d'angoisses et de souffrances personnelles précoces. Ce qu'il avait vécu n'était probablement pas plus terrible que ce que beaucoup d'entre nous ont eu à affronter, mais son génie est d'avoir su construire une œuvre qui permette à chacun de renouer avec ses angoisses les plus intimes. Et c'est ce qui m'est arrivé. En m'appuyant sur cette œuvre, j'ai découvert quelque chose sur moi-même qui ne doit rien à ses films et tout à ma propre histoire.

Mais Hitchcock, en donnant à ses préoccupations une forme cinématographique, a fait plus. Il a magistralement exploité ce que ce dispositif a de plus exceptionnel, à savoir notre dépendance fascinée à un écran et la manière dont cette fascination fait renouer chacun avec la dépendance où il a d'abord été vis-à-vis du *regard maternel.* Cette situation, et l'angoisse qui l'accompagne, n'a pas en effet d'équivalent dans les autres dispositifs d'images, qu'il s'agisse de la peinture, de la photographie ou de la télévision. En ce sens, l'œuvre d'Hitchcock colle au cinéma autant que le cinéma colle à elle, et cette coïncidence est évidemment la clé de son succès.

C'est pourquoi nous allons maintenant inviter le lecteur à faire un pas de plus sur le chemin indiqué par le « maître de l'épouvante ». Car non seulement le rapprochement qu'il fait entre le spectateur de cinéma et le nouveau-né est pertinent, mais il peut même être largement développé...

Deuxième partie

Les images sont nos mères adoptées

La relation que nous établissons avec les images est souvent comparée à celle d'un nouveau-né fasciné par le regard de sa mère. Cette comparaison est toujours inquiète. Qu'il s'agisse de représenter la télévision en nourrice ou en baby-sitter, ou bien le spectateur de cinéma en nourrisson captivé, ce sont toujours la régression et ses écueils qui sont évoqués : nous serions dépendants des images comme d'une mère omnipotente et risquerions toujours d'être manipulés par elles à notre insu. Bref, la « mère » n'est pointée dans nos relations aux images que pour être aussitôt assimilée aux pires dangers. D'ailleurs la comparaison ne s'arrête pas là, puisque les images sont aujourd'hui volontiers tenues pour responsables de tous nos maux, un peu comme l'étaient les mères dans les années 1960, notamment pour des maladies comme l'autisme ou la psychose !

Pourtant, si la relation que l'être humain noue avec les images évoque bien celle qu'un nourrisson établit avec sa mère[1], ce n'est pas seulement dans ses aspects préoccupants et inquiétants. Nous régressons face aux images, c'est vrai, mais c'est souvent portés par le désir de nous soigner. Comment ? En remettant en quelque sorte sur le métier nos premières relations au monde afin de renouer avec leurs aspects positifs. Le nouveau-né construit en effet au cours de ces premières relations des repères qui lui seront utiles sa vie entière, et nous cherchons à faire la même chose dans notre rapport aux images. Bien entendu, nous tentons aussi de renforcer nos premiers acquis à travers des relations humaines privilégiées, qu'elles soient amoureuses ou seulement amicales. Mais le lien exceptionnel qui lie un nouveau-né à sa mère ne se retrouve que bien rarement dans nos relations sociales. Accepter sans inquiétude une relation de dépendance totale à quelqu'un nous séduit par certains côtés, mais nous terrifie par d'autres ! C'est pourquoi nous ne sommes pas prêts à nous y abandonner, et quand cela se produit – notamment lorsque nous sommes follement amoureux –, nous craignons de nous y dissoudre !

Or c'est là que les images interviennent. Avec elles, pas d'inquiétude. Si nous nous abandonnons dans leurs bras, nous savons qu'elles n'en abuseront pas et que nous resterons toujours maîtres du jeu. En outre, elles sont constamment disponibles, ce qui est loin d'être le cas de nos interlocuteurs réels. C'est pour cela qu'on peut y

1. Nous ne désignons pas sous ce mot la génitrice de l'enfant, mais la personne qui s'occupe des premiers soins et noue avec lui un lien privilégié.

recourir dans l'espoir de surmonter pratiquement toutes les difficultés et que, bien souvent, rien ne les remplace dans l'usage que nous en faisons.

Selon les cas, les images nous soutiennent, nous transportent, nous confortent ou nous réconfortent, nous apaisent, nous terrifient, nous câlinent, nous stimulent ou nous excitent, exactement comme une mère le fait avec son nouveau-né. Mais la différence est que c'est nous qui adoptons à notre gré nos « mères-images » en fonction de nos attentes à leur égard, alors que nos mères réelles nous sont données définitivement à la naissance. Bref, les images sont nos « mères adoptées » que nous prenons et abandonnons aussi souvent que nous le désirons, sans culpabilité ni honte. Car lorsqu'elles ne correspondent pas à nos attentes, nous n'hésitons pas à les condamner sans appel. C'est toujours de leur faute !

De la peau de nos mères aux images de nos écrans

Les relations d'un bébé à sa mère passent d'abord par sa peau. Celle-ci est en effet un organe à la fois très riche en terminaisons sensibles – qui assurent notamment la reconnaissance du froid, du chaud, de la pression, du toucher et de la douleur – et extrêmement sollicité, que ce soit à travers le portage, les différents soins du corps ou les câlins. L'importance des terminaisons sensibles dans la peau et la variété des échanges où elle est impliquée lui donnent un rôle essentiel dans le développement psycho-affectif de tout être humain. La mère qui porte, caresse, et change son bébé pose sans le savoir – et c'est bien mieux ainsi ! – les premières bases de sa personnalité.

Cette première construction psychique, édifiée au carrefour des possibilités innées du bébé et des premiers soins maternels, a été désignée par Didier Anzieu sous le nom de « Moi-peau[1] ». Une fois constitué, celui-ci assure pour le psychisme les mêmes rôles que l'enveloppe

1. D. Anzieu, *Le Moi-peau*, Paris, Dunod, 1985.

cutanée pour le corps. Il contient la personnalité, la protège, filtre les événements du monde qui lui parviennent et remplit bien d'autres fonctions encore. Mais, avant de préciser lesquelles, annonçons tout de suite où nous allons emmener le lecteur. De la même manière que le bébé construit certaines fonctions psychiques essentielles dans la relation avec sa mère, l'adulte continue à le faire dans ses relations aux images. Autrement dit, pour chacun d'entre nous, l'étayage de nos fonctions psychiques connaît deux moments successifs : dans les semaines suivant la naissance tout d'abord, lorsque leurs premières ébauches sont mises en place sous l'influence des soins maternels ; puis la vie entière, chaque fois que nous décidons d'avoir affaire à des images. Didier Anzieu n'a jamais établi un tel rapprochement, et pourtant, l'homme semble bel et bien avoir inventé les images pour renforcer et affiner les diverses fonctions psychiques qu'il a d'abord mises en place dans le corps-à-corps initial avec sa mère.

Peau contre peau

Pour Didier Anzieu, la peau remplit dès la naissance huit fonctions essentielles qui sont progressivement intériorisées pour donner naissance à l'instance psychique qu'il appelle le « Moi-peau ». Ces huit fonctions sont : la construction d'un appui intérieur, la capacité de contenir ses propres représentations, la protection contre des excitations excessives, l'information et l'inscription des traces, la réunion des sensations d'origines diverses, l'étayage de l'identité, le soutien de l'excitation sexuelle et enfin le maintien de la tension énergétique[1]. Nous allons les résumer (très) brièvement avant d'envisager la manière dont les images en prennent le relais, ou plutôt se substituent aux fonctions maternelles qui permettent leur construction. Car ce que les mains de la mère font pour la peau du bébé, les images le font pour notre œil.

La peau du bébé stimulée par la mère participe d'abord à la constitution d'une véritable « colonne vertébrale » psychique[2]. Les mains maternelles qui maintiennent droit le corps du bébé sont en effet intériorisées sous la forme d'une fonction d'« auto-maintenance » qui permet ensuite à chacun d'entre nous de se soutenir lui-même à travers les diverses difficultés de la vie. Lorsque cette fonction n'est plus remplie correctement – que ce soit par déficience interne ou à cause d'un traumatisme trop violent –, on dit volontiers de la personne qu'elle « s'effondre ».

En second lieu, les diverses sensations prodiguées par les soins maternels conduisent le nouveau-né à se représenter sa peau comme un « sac » qui le contient. Cette fonction est elle aussi intériorisée sous la forme d'une instance psychique qui fonctionne ensuite comme une

1. L'ordre retenu ici est celui que Didier Anzieu donne dans la seconde édition du *Moi-peau* (1995) et qui est légèrement différent de celui de la première.

2. C'est ce que le psychanalyste anglais Winnicott appelait la fonction de *holding* (*De la pédiatrie à la psychanalyse*, Paris, Payot, 1969, 2001).

sorte de « contenant ». Elle contient tout ce qui « pousse » au-dedans de la personnalité, qu'il s'agisse de pensées ou d'émotions.

En troisième lieu, la capacité de l'épiderme de protéger le corps contre les diverses formes d'agressions physiques, chimiques ou bactériologiques, participe, par intériorisation, à la constitution d'une fonction psychique de protection contre les excitations trop intenses[1]. Notre système psychique a une capacité d'autant plus grande à encaisser des chocs qu'il est mieux protégé par cette « peau psychique ». Quand celle-ci est épaisse, on peut dire de la personne qu'elle a une véritable « carapace » qui la protège. Mais une telle hypertrophie n'a pas que des avantages parce qu'elle se fait en général aux dépens des fonctions d'enregistrement.

Une quatrième fonction de la peau est en effet de fournir des informations sur le monde extérieur et d'en enregistrer des traces. Cette fonction d'inscription a un versant biologique – les rides et les signes du vieillissement ou de la maladie – et un versant social – les scarifications, incisions, peintures, tatouages ou maquillage qu'on peut y inscrire. La fonction psychique correspondante participe au travail de la mémoire. Notre psychisme garde lui aussi des traces des diverses expériences qu'il traverse.

La peau est également appelée à réaliser la synthèse

---

1. Qui correspond à ce que Freud appelait dès 1920 le « pare-excitation » (« Au-delà du principe de plaisir », *Essais de psychanalyse*, Paris, Payot).

entre les sensations de pression, de sensibilité au chaud, au froid et à la douleur. La fonction psychique correspondante consiste dans l'intégration des diverses sensations entre elles et l'établissement de correspondances de l'une à l'autre : un son peut par exemple être associé à une couleur ou bien à une odeur.

La peau – c'est sa sixième fonction – participe encore à la construction de l'identité physique par sa texture, son grain et sa couleur. Nous sommes d'ailleurs chacun reconnaissable par notre peau. L'intériorisation de ce rôle participe à la constitution du sentiment d'être unique.

Une septième fonction de la peau consiste dans la façon dont les contacts cutanés agréables vécus dans la relation mère-enfant préparent la peau du bébé à jouer son rôle ultérieur dans la genèse du plaisir sexuel. Ils sont pour cela intériorisés sous la forme d'une fonction psychique chargée de capter l'excitation sur l'ensemble de la surface du corps et de la concentrer sur les régions génitales.

Enfin – et c'est sa dernière fonction –, la peau du nouveau-né, stimulée par les excitations du toucher et de la toilette, alimente en permanence le tonus sensori-moteur. Cette fonction est intériorisée sous la forme d'un maintien de la tension énergétique à un niveau optimal : si celle-ci est trop élevée, le risque d'« explosion psychique » guette, par exemple sous la forme d'une crise de nerfs[1] ; et à l'inverse, si elle est trop basse, nous nous

1. Ou même d'épilepsie ! (H. Beauchesne, *L'Épileptique*, Paris, Dunod, 1980).

désengageons du monde et nous replions sur nous-même. La preuve en est qu'un bébé privé de communication se met en veilleuse et finit par se laisser mourir[1].

Pourtant, en décrivant comme nous l'avons fait les diverses fonctions jouées par la peau et leur intériorisation, nous ne nous sommes intéressés qu'à la périphérie des choses, à ce qu'on pourrait appeler leur « écorce ». Le processus qui permet le passage des fonctions de la peau du bébé à l'intériorisation des fonctions psychiques correspondantes s'appuie sur un fantasme que Didier Anzieu a nommé « le fantasme d'une peau commune entre le nouveau-né et sa mère ». C'est ce fantasme qui est le « noyau » de l'ensemble des opérations psychiques que nous avons décrites. Sans l'illusion que ce fantasme assure, les caresses et les contacts qu'une mère prodigue à l'épiderme de son bébé ne favoriseraient pas chez celui-ci la mise en place des grandes fonctions psychiques attachées au Moi-peau.

Par ce fantasme, le nouveau-né se sent en effet véritablement partie prenante de la peau maternelle. Le contact des mains de l'adulte sur sa peau n'est pas perçu par lui comme le résultat de la rencontre entre deux corps, mais comme une interpénétration de leurs deux peaux : la peau des mains maternelles est véritablement, pour le nouveau-né, sa propre peau en devenir. D'où il résulte

1. C'est ce que Spitz a appelé le « syndrome d'hospitalisme », pour l'avoir observé chez des bébés hospitalisés sur de longues périodes, bénéficiant de soins physiques appropriés de la part d'infirmières, mais insuffisamment stimulés (R. Spitz, *De la naissance à la parole. La première année de la vie*, Paris, PUF, 1968).

que les diverses fonctions cutanées qu'il intériorise ne sont pas le reflet des capacités réelles de sa peau, mais celui des illusions qu'il se construit au fil des échanges entre sa mère et lui. Par exemple, quand le bébé a froid et que sa mère le couvre, il vit sa peau comme capable de protéger son corps d'un refroidissement, et il renforce donc la fonction psychique correspondante d'autoprotection. De même, s'il s'ennuie et qu'un adulte le prend dans ses bras, le caresse, le chatouille et joue avec lui, il vit sa peau comme capable de relancer son excitation psychique, et intériorise cette fonction de telle façon qu'il sera capable, par la suite, de maintenir son niveau d'excitation dans un environnement pauvre en stimulations. Bref, ce que le bébé intériorise, c'est une relation avec son environnement centrée sur sa peau, certes, mais où celle-ci est investie fantasmatiquement de fonctions dévolues à la mère avant de participer à la construction de fonctions psychiques autonomes.

Venons-en maintenant à notre question principale : comment passe-t-on de l'étayage sur les premiers contacts cutanés à celui sur les images ?

Quand la caresse des regards prend la place des contacts cutanés

Ce passage se fait tout simplement parce que les mères ne doivent pas maintenir trop longtemps l'intense proximité physique qui prévaut d'abord entre leur bébé et elles. Au fur et à mesure que les contacts de peau se raréfient, l'enfant les compense en effet par cette autre forme de « toucher » qu'est le regard. Ne dit-on pas que ce qu'on n'a pas le droit de toucher avec les mains, rien n'empêche de le toucher avec les yeux[1] ? S'il est un domaine où cette formule s'applique en premier lieu, c'est bien la relation que chacun entretient avec sa mère ! Le regard est comme une forme de toucher à distance. D'ailleurs, le sens commun rend bien compte de ce déplacement. On parle de « caresser avec les yeux », de « retenir avec les yeux » ou de « couver du regard ». Mais, là encore, et comme dans l'intense travail psychique qui accompagne le premier corps-à-corps entre une mère et son bébé, l'essentiel n'est pas visible. Il s'agit de la façon dont ces confrontations de regards reproduisent l'illusion d'une « peau commune ».

Cette illusion est précisément alimentée de deux manières complémentaires. Tout d'abord, l'enfant qui fixe les yeux de sa mère *est* dans ces yeux-là, sans aucune distance, et on peut évoquer alors l'existence d'une sorte de « peau visuelle » commune entre elle et lui[2]. Plus tard, bien sûr, nous continuons à nous chercher dans le regard de nos interlocuteurs. L'amoureux interroge le regard de son aimée et la victime celui de son agresseur. Mais le bébé qui regarde sa mère est dans la situation bien particulière d'une absolue dépendance à elle. Et,

1. La métaphore du toucher est d'ailleurs l'une des deux grandes métaphores à travers lesquelles le regard est appréhendé, la seconde étant celle de la pénétration et de l'effraction.

2. C'est l'hypothèse de G. Lavallée, « La boucle contenante et subjectivante de la vision », in D. Anzieu et coll., *Les Contenants de pensée*, Paris, Dunod, 1994.

dans son regard, il se voit en train de la regarder, puisque c'est ainsi qu'elle le voit, elle : un bébé regardant sa mère. Il se voit donc avec les caractères que sa mère lui prête à ce moment : tranquille, confiant ou au contraire angoissé, terrifiant, voire malfaisant si tel est ce qu'il lit alors dans son regard.

Mais l'illusion de cette « peau commune » au nouveau-né et à sa mère existe encore à un autre moment qui ne doit rien aux contacts de peau et tout aux images. C'est lorsque le nouveau-né produit à l'intérieur de lui-même la représentation de sa mère le tenant dans ses bras, le câlinant et le nourrissant, et qu'il s'imagine *être réellement* dans cette situation du fait qu'il en hallucine toutes les caractéristiques. En effet, le bébé qui a faim pleure et crie, et ces manifestations sont autant une façon de traduire son déplaisir que d'appeler son environnement à le faire cesser. Mais, si personne ne vient, il est capable de produire l'ensemble des caractéristiques sensorielles qui accompagneraient normalement la satisfaction de ses attentes. Il présente soudain en effet tous les signes qui témoignent de cette satisfaction : son visage se détend, il sourit et s'apaise. Cet état hallucinatoire est en général de courte durée. Bébé se remet à pleurer dans l'espoir qu'on vienne enfin le satisfaire « pour de vrai » ! Et il apprend bien entendu à faire la différence entre la représentation de son désir et la réalité. Mais la phase qui a précédé, aussi brève soit-elle, laisse une empreinte durable sur nos désirs d'image.

Se trouver dans une image qui est à l'intérieur de soi

Si personne ne répond aux appels du bébé, que ce soit en nourriture, en câlin, ou en toute autre chose, celui-ci a donc la possibilité de se consoler – au moins provisoirement – en « hallucinant » l'état de bien-être qu'il désire. Il se sent littéralement dans les bras de sa mère, voit son visage près de lui, perçoit le lait chaud dans sa bouche, ressent le bonheur d'être rassasié... Autrement dit, au moment où le bébé hallucine l'état de bien-être que lui procure normalement la tétée, il se perçoit à la fois comme contenant le lait qui l'apaise et contenu dans les bras de la mère qui le porte, alors que dans les deux cas, c'est lui qui en produit les images ! Sa posture est en cela très proche de celle du rêveur qui se sent faire partie du rêve qu'il produit pourtant lui-même. Il confond l'ensemble des sensations qu'il éprouve et les images qu'il se donne avec celles qu'il aurait si sa mère le prenait réellement dans ses bras, le nourrissait et lui parlait. Lorsque nous nous abandonnons à une image en nous laissant envahir par les diverses sensations qu'elle nous communique et que nous nous imaginons au cœur de l'action qu'elle représente, nous renouons avec cet état premier du nouveau-né : nous « entrons » dans l'image et acceptons, provisoirement, de la confondre avec la réalité.

Le second rapport que le bébé noue avec les images est la clé de l'autre attitude que nous pouvons prendre face à elles, lorsque nous ne sommes plus « dedans », mais « devant ». Le bébé construit en effet très vite la possibilité de faire la distinction entre les images qu'il perçoit en liaison avec des situations réelles et celles qu'il se fabrique à l'intérieur de lui-même. Il acquiert alors la possibilité de former dans sa conscience une image de sa mère qu'il peut « voir » même lorsque celle-ci est absente de son champ visuel et qu'il le sait. Bref, il passe d'une image qui est à la fois visuelle, sensorielle et motrice, et à l'intérieur de laquelle il est pris, à une représentation devant laquelle il se trouve.

C'est exactement ce phénomène qui est décrit dans le film *L'Odyssée de l'espèce*[1] consacré à nos lointains ancêtres de la préhistoire. Dans ce spectacle, un groupe d'hominiens traverse une rivière. Une femelle est emportée par le courant et disparaît dans les flots. Le mâle avec lequel elle formait un couple est manifestement troublé. Le commentaire nous explique qu'il ne comprend pas comment il peut voir sa compagne « à l'intérieur de lui » – autrement dit avec son « regard du dedans » – alors qu'il ne la voit plus « devant lui » avec ses « yeux du dehors ». Cette découverte de la différence entre la perception et la représentation intérieure est en effet étonnante, et tout nouvel arrivant au monde doit la refaire pour son propre compte. L'image fournie par les sens s'efface avec la disparition de son objet hors de notre champ visuel. Au contraire, l'image formée dans notre conscience survit à la disparition réelle – temporaire ou définitive – de son modèle extérieur.

1. Réalisé par France 3 Télévision, mars 2003.

De la peau caressée par la mère à l'œil caressé par les images

Du contact peau à peau, nous sommes passés à la manière dont le bébé investit le regard comme un moyen de préserver l'illusion de se sentir contre sa mère, voire à l'intérieur d'elle. Le moment est maintenant venu d'accomplir la seconde et dernière étape de ce parcours. Après le passage du contact des peaux à celui des regards, tout nouvel arrivant au monde est en effet invité à plonger ses yeux dans les images qui l'entourent. Mais là encore, l'essentiel de ce glissement n'est pas visible car il concerne une nouvelle version du fantasme que nous avons déjà vu à l'œuvre dans les deux étapes précédentes : l'illusion d'une peau commune. Dans nos relations aux images, nous pouvons en effet nourrir ce fantasme de deux manières : soit en plongeant dans les images comme dans un regard qui nous regarde, soit en nous abandonnant à l'illusion d'être contenus par elles autant que nous les contenons à l'intérieur de nous.

Tout d'abord, notre relation aux images engage une fascination qui n'a rien à envier à celle qui nous lie parfois à un regard. Il nous semble qu'elles nous regardent et nous sommes touchés par la présence qu'elles nous imposent : impersonnelle, pleine, immense. Qu'a-t-il de si exceptionnel, ce « regard » de nos écrans ? Rien, si ce n'est de nous renvoyer à un autre regard où nous avons, très tôt, tenté de trouver un savoir indispensable à nos propres repères, à savoir le regard maternel[1]. Autrement dit, les images que nous regardons nous « regardent » à leur tour, et cela aux deux sens habituels du terme : elles nous concernent – au sens où on dit de quelque chose : « Ça me regarde » – et elles nous observent. Ce pouvoir des écrans de créer l'illusion de nous observer trouve son apogée dans les situations où un personnage présent sur l'image fixe l'objectif. La tentation est grande, alors, d'imaginer qu'il nous regarde « au fond des yeux » dans une étrange intimité. Bref, si nous cherchons sans cesse dans les regards de nos proches une image où nous puissions nous reconnaître, nous sommes bien souvent tentés d'attendre des images la même chose, un regard qui nous parle de nous.

La seconde raison pour laquelle la contemplation d'une image renoue avec l'illusion d'une « peau commune » entre un nouveau-né et sa mère est liée au désir *d'entrer en pensée* à l'intérieur des images que nous regardons. Car entrer en pensée dans une image qui nous fait face, ce n'est pas entrer en pensée dans *cette image-là*, mais dans la représentation que nous nous en faisons. Autrement dit, celui qui entre en pensée dans une image entre en réalité dans celle qu'il porte à l'intérieur de lui. Il est alors dans l'image qu'il contient lui-même, un peu comme le nouveau-né se rêve contenu dans le corps maternel dont il est pourtant sorti, de telle façon qu'il se rêve à l'intérieur d'un corps imaginé par lui.

---

1. Voir à ce sujet le beau texte que Maurice Blanchot lui a consacré (*L'Espace littéraire*, Paris, Gallimard, 1955).

Avec les images virtuelles, ce fantasme d'une « peau commune » a d'ailleurs atteint une nouvelle dimension. Le créateur de figures virtuelles rêve d'échanger sa peau contre la leur et d'entrer dans la matrice numérique qu'il a lui-même mise au point. C'est ce fantasme qui est mis en scène dans le film *Matrix*, des frères Wachowski (1998 et 2003), dans lequel une peau de chair est échangée provisoirement par les héros contre une peau virtuelle. Mais la réalisation d'un fantasme est toujours menaçante ! Et c'est ce qu'on voit dans *Avalon*, de Mamoru Oshii (2001). Dans cet autre film culte des adolescents, les concepteurs d'un gigantesque jeu vidéo sont entrés dans le programme qu'ils ont eux-mêmes fabriqué et invitent les joueurs les plus chevronnés à les rejoindre. Il leur faut pour cela échanger leur existence charnelle contre une peau numérique éternelle. Le problème est que c'est au prix de l'abandon sans retour de leur corps réel[1]...

Trois bonnes raisons de créer des images

À partir de ce qui précède, le lecteur comprend maintenant les trois séries de raisons qui poussent l'être humain à fabriquer des images.

1. Pour une analyse complète de ce film, se reporter à S. Tisseron, « Le virtuel à l'adolescence, ses mythologies, ses fantasmes et ses usages », in *L'Adolescent et le Virtuel*, *Adolescences*, n° 47, Paris, GREUPP Éditions, à paraître.

Tout d'abord, elles lui permettent de continuer à voir devant ses yeux ce qui n'existe plus et dont il conserve l'image dans sa tête. C'est en ce sens qu'on a pu dire que le prototype de toute image consiste dans le masque mortuaire ou le portrait du disparu, ou encore que la photographie est un art funéraire destiné à témoigner d'un passé qui ne reviendra jamais. Ce désir est si souvent mis en avant dans la littérature sur les images qu'il est inutile d'y insister.

Mais l'être humain ne fabrique pas seulement des images pour nourrir l'illusion du retour de ses objets perdus. Car il serait alors impossible d'expliquer pourquoi il crée des images qui nourrissent de mieux en mieux son illusion d'être « pris » à l'intérieur d'elles, comme les écrans géants sphériques ou bientôt les « hologrammes », ces super-images en trois dimensions dans lesquelles on pourra se déplacer avec son corps entier. La raison en est qu'il invente aussi des images pour renouer avec le moment où, encore tout nouveau-né, il s'immergeait dedans en croyant à elles comme à une réalité. Plus précisément, l'être humain fabrique des images matérielles de telle façon qu'il puisse à volonté revivre avec elles les deux aspects complémentaires et également fondateurs de ses relations à ses premières images intérieures : être « à l'intérieur d'elles » ou « devant elles » à volonté. Ces deux désirs n'ont rien à voir avec la mise en scène d'une présence illusoire. Ils expliquent en revanche pourquoi nos relations aux images sont inséparables de deux démarches complémentaires : les traiter comme des territoires où entrer et chercher en même temps à les transformer – ne serait-ce que mentalement – afin d'en « sortir » et de nous placer devant.

Ces deux étapes reproduisent exactement les deux moments successifs que chacun d'entre nous a parcourus à l'aube de sa vie pour construire sa conscience du monde : d'abord immergés dans un bain sensoriel multiforme, il nous a fallu nous en dégager pour mettre celui-ci à distance. Et c'est la raison pour laquelle la fréquentation des images contribue à renforcer les opérations psychiques de base qui permettent le fonctionnement de la pensée : d'une part, la capacité de se sentir contenu dans un espace ou un groupe et de contenir ses pensées, ses émotions, ou seulement sa substance corporelle ; et d'autre part, celle de se percevoir comme capable de transformer son environnement ou d'être transformé par lui [1].

Enfin, l'être humain crée des images pour renouer, à travers elles, avec l'illusion d'une « peau commune » et tenter de nourrir, à travers celle-ci, ses grandes fonctions psychiques. Tel est l'aspect de nos relations à elles que nous allons maintenant développer. Car, sans les bénéfices immenses que les images nous apportent, comment comprendre la facilité avec laquelle le poste de télévision a remplacé, dans nos foyers, le traditionnel feu de cheminée autour duquel la famille se rassemblait ?

---

1. Ce sont ces opérations psychiques de base que j'ai appelées des « schèmes », afin de marquer leur différence avec les phénomènes du langage dont elles sont indépendantes (*Psychanalyse de l'image, op. cit.*).

Les neuf fonctions de nos mères-images

Nos relations aux écrans ne sont évidemment pas exactement les mêmes que celles d'un nouveau-né avec sa mère. Il y manque notamment la dépendance réciproque puisque le regard que nous portons sur les écrans ne change pas le déroulement du programme. Mais n'oublions pas que certaines recherches prévoient qu'un joueur de jeu vidéo puisse bientôt actionner les commandes non pas avec le doigt, mais en fixant un point de l'écran ! Bref, dans l'analogie entre nos relations à nos mères et celles qui nous lient à nos écrans, la perfection pourrait bien n'être qu'une affaire de temps ! Et sans en être encore là, les diverses formes d'étayage qui se jouent dans le corps-à-corps entre une mère et un nouveau-né se retrouvent déjà toutes dans nos relations aux images. Celles-ci nous procurent en effet des stimulations qui sont ni moins nombreuses ni moins variées que celles de nos « mères de peau », et les huit grandes fonctions psychiques que nous avons vues étayées dans le corps-à-corps maternel sont également renforcées par elles. Envisageons-les tour à tour.

Les images comme lieu d'intégration de sensations d'origines diverses

Dans notre culture, les images sont de plus en plus utilisées pour créer des sensations relatives à tous les sens et les fédérer. C'est notamment le cas des images de publicité. Aux anciennes « réclames » qui voulaient convaincre se sont en effet substituées des stratégies nouvelles : le spectateur est volontiers invité à éprouver, à partir d'une image, un ensemble de sensations agréables qui ne sont pas de nature visuelle, mais tactile et cénesthésique, comme la légèreté, la douceur, la chaleur ou la fraîcheur. Cette stratégie serait incompréhensible si, entre l'image regardée et la démarche d'acheter l'objet, ne s'interposait pas le désir d'utiliser l'image publicitaire d'abord, puis l'objet qu'elle invite à acheter ensuite, pour réunir des sensations d'abord morcelées. Bref, si la publicité nous vend un produit à travers une image qui nous permet de réunir des sensations d'origines diverses, c'est parce que ce désir, d'abord dévolu à la peau, est ensuite déplacé sur les images. Les références à la sexualité ou au narcissisme du consommateur n'en disparaissent pas pour autant, mais leur importance est moindre. Et elles diminueront probablement encore au fur et à mesure que les possibilités graphiques exalteront la capacité des images à réunir sur elles des sensations d'origines éparses.

Une fois de plus, nous voyons comme l'interprétation d'une image en termes de contenus – sexuels et narcissiques notamment – ne suffit pas à rendre compte de son efficacité. Ce qui la rend désirable, c'est la manière dont elle renforce un processus essentiel à nos opérations psychiques, à savoir la capacité de réunir des sensations d'origines diverses. Le désir d'acheter le produit qu'elle suscite n'est que la tentative de prolonger cette première satisfaction. Autrement dit, là où la publicité nous ment, ce n'est pas dans le plaisir qu'elle nous donne, mais dans l'illusion que le produit qu'elle vante nous procurerait le même[1]. Car aucun objet ne peut réussir aussi bien qu'une image à remplir cette fonction d'abord dévolue à la peau. Bien sûr, le produit nous procure aussi des satisfactions que la publicité est impuissante à donner : une voiture confortable est par exemple bien utile pour nos déplacements, même si cela n'a rien à voir avec les rêveries dont les images publicitaires la nimbent. Et c'est pourquoi la meilleure manière de nous protéger de la publicité n'est pas d'en démonter les mensonges – ceux-ci sont assez évidents – mais de nous intéresser à l'efficacité de ses images... sans jamais croire que les produits qu'elles vantent aient la même[2] ! Entre les objets et les images, il n'y a en effet aucun rapport : les premiers sont censés satisfaire certaines de nos attentes, les secondes les réunir ensemble dans un équivalent sensoriel dont la référence de base est la peau, puisque c'est d'abord à

1. Pour des exemples de ce déplacement, on peut lire « Rester jeune éternellement », consacré aux publicités de la marque L'Oréal (S. Tisseron, *Petites mythologies d'aujourd'hui*, Paris, Aubier, 2000).

2. Sur la nécessité et les formes de cet apprentissage, on peut consulter mon ouvrage *Les Bienfaits des images*, *op. cit.*

elle qu'incombe le rôle de gérer l'intersensorialité. C'est d'ailleurs la raison pour laquelle les équivalents du toucher sont si importants sur les images de publicité : ils sont destinés à nous rappeler ce *sensorium* initial.

Enfin, la preuve que les images remettent sur le métier cette caractéristique d'intersensorialité d'abord dévolue à notre peau est qu'elles nous font renouer aussi avec son angoisse majeure, celle d'un fonctionnement anarchique des sens que plus rien ne viendrait coordonner. Nous craignons que l'abondance des images dans notre environnement nous morcelle et nous fragilise et que l'omniprésence du visuel pousse à abandonner les références au tactile, comme on le voit aujourd'hui dans les craintes attachées aux jeux vidéo.

Les images comme appui intérieur

Il y a des héros de cinéma sur lesquels nous prenons appui. Un enfant me disait se donner du courage en invoquant « Albator », un héros de dessin animé censé le protéger. Plus grand, il arrive aussi qu'on aille voir des films mettant en scène des personnages capables de surmonter des situations difficiles parce que nous désirons pouvoir nous identifier à eux et intérioriser leur capacité de se battre et de résister. C'est ainsi que tous les gouvernements qui souhaitent préparer leur population à des épreuves leur présentent des « héros positifs ». Mais les images n'ont pas seulement cette fonction d'étayage par identifications interposées. La situation face aux écrans peut parfois être recherchée pour elle-même, indépendamment du contenu des images, comme une manière de tenter de renforcer en soi l'édification d'un indispensable appui.

Rappelons que la fonction de soutien psychique est d'abord assurée par la manière dont l'enfant est tenu et porté par sa mère. Très précisément, c'est la capacité qu'a l'enfant de s'identifier à un support sur lequel prendre appui qui lui permet d'installer à l'intérieur de lui la capacité de se tenir lui-même. D'ailleurs, l'expression « s'adosser à » indique également une manière de se préparer à un combat – physique ou relationnel – en s'assurant un appui solide. Cette attitude peut ensuite être recherchée par l'enfant plus grand dans ses relations avec ses frères et sœurs, et par l'adulte dans sa vie amoureuse. Certaines personnes sont d'ailleurs rassurées et réconfortées par le seul fait de s'appuyer physiquement contre une autre, notamment en mettant en contact leur ventre ou leur dos contre celui de leur partenaire pendant leur sommeil[1]. Cet adossement est si important qu'il trouve même un prolongement dans le slogan politique longtemps utilisé pour désigner le soutien de la Chine aux mouvements révolutionnaires asiatiques, celui de « grand frère de l'arrière ». Or cette attitude se trouve aujourd'hui dans la manière dont les enfants regardent la télévision. Tous le font, à un moment ou à un autre, en s'asseyant sur les genoux d'un parent ou d'un grand-parent qui remplit pour eux le rôle d'un support. Ils se

1. D. Anzieu, *Le Moi-peau, op. cit.*

sentent ainsi « protégés sur leurs arrières », mais aussi en position de force pour affronter ce qui peut surgir devant eux.

Ainsi, alors que l'enfant peut se sentir seul dans beaucoup de situations de la vie, la position face à l'écran de télévision s'accompagne souvent du fantasme d'un adulte le soutenant et lui servant d'appui. C'est un peu comme si nous avions pris l'habitude d'écouter une certaine musique, ou de consommer un certain type d'aliment, dans les bras d'un parent chéri. Il y a fort à parier que plus tard, nous chercherions à réveiller sa présence en écoutant cette même musique ou en consommant cette même nourriture. Dans de tels moments, nous nous retrouverions en pensée avec lui. Les enfants qui ont grandi en connaissant des moments privilégiés sur les genoux d'un adulte protecteur face au poste de télévision garderont toujours la possibilité de réveiller ces moments par le seul fait d'allumer un récepteur. Bien entendu, pour d'autres dont la famille n'avait pas la télévision, ou qui n'ont pas connu cela dans leur petite enfance, la télévision ne sera toujours qu'une machine à abrutir ! Ces personnes ont peut-être raison pour elles-mêmes, mais comment ne pas être gêné par l'extraordinaire intolérance qui les guide, comme si ce qui les ennuie devait forcément ennuyer les autres, avant, sans doute, qu'elles nous disent que ce qui les intéresse devrait intéresser tout le monde ! À les lire, on a l'impression que la majeure partie de leurs concitoyens sont des masochistes. Mais les gens ne restent pas fixés devant leur écran pour devenir chaque jour plus bêtes, et rien n'a jamais prouvé qu'ils le deviennent de cette façon. Ils le font pour renforcer en eux la capacité de soutien psychique qui s'est trouvée précocement associée à cette situation.

Assis dans un fauteuil, sans télé devant moi, je me sens irrémédiablement seul. Mais, dans la même position, aussitôt que l'écran est allumé, je renoue le fil d'une situation familière, celle d'être confortablement installé sur les genoux d'un adulte protecteur. Je me sens plus fort. Et si le programme contribue à renforcer également d'autres de mes aptitudes, tant mieux !

Enfin, d'autres écrans que ceux de télévision rempliront sans doute un jour le même rôle pour les générations futures. Certains parents jouent déjà à des jeux en réseau, comme *Dark Age of Camelots*, avec leur enfant sur les genoux...

Les images comme contenant pour les pensées

La constitution d'un contenant pour les pensées est un moment essentiel du développement psychique de tout être humain. Nous ne pouvons penser nos propres pensées qu'à la condition de les installer dans un contenant psychique étanche qui nous assure qu'elles nous appartiennent bien. À défaut, nous risquons de croire qu'elles nous échappent sans cesse, ou même qu'elles passent dans l'esprit des autres !

La perception d'une poussée interne et de l'enveloppe destinée à la contenir est particulièrement sensible à l'adolescence. À cet âge-là, le jeune perçoit à la fois les forces qui inspirent ses transformations corporelles et la manière dont sa peau physique les contient. Et il perçoit aussi les poussées psychiques nouvelles qui envahissent son esprit, notamment dans le domaine sexuel et agressif, ainsi que les forces qui s'y opposent pour les contenir et les canaliser.

C'est sans doute la perception de ces deux mouvements opposés qui rend compte du succès phénoménal auprès du jeune public d'une séquence du film *Men in Black.* On y voit une créature venue de l'espace occuper la peau d'un terrien trop petite pour elle. L'acteur qui joue le rôle se contorsionne dans tous les sens et on a l'impression que sa peau va se déchirer à tout moment sous l'effet des tensions qu'elle endure. Cela n'arrive bien entendu pas, mais cette séquence est reçue par les adolescents qui la regardent comme une mise en scène des forces qu'ils sentent pousser à l'intérieur d'eux, et aussi de leur espoir que leur peau – aussi bien physique que psychique – y résistera.

Mais les images renforcent aussi cette fonction psychique de « contenance » indépendamment de leurs contenus. En effet, à la différence des autres objets qui sont dans une continuité totale les uns par rapport aux autres – comme une assiette sur la table qui la porte, celle-ci avec le sol et celui-ci avec les murs –, l'image est toujours clairement délimitée par un cadre. Cette fonction du cadre dans l'image a même été systématisée en Occident sous la forme de deux modèles, la fenêtre et le miroir, l'image étant, selon les époques, comparée à l'une ou à l'autre. Il est en effet impossible de voir une image sans voir en même temps son cadre. Et c'est même ce qui la différencie du monde réel ! Un morceau d'affiche déchirée dans les couloirs du métro fait partie du monde continu des objets, tout comme un urinoir dans des toilettes publiques. Mais l'un et l'autre, une fois placés dans un cadre – qu'il soit réel dans le cas de l'affiche encadrée comme un tableau ou métaphorique dans le cas du fameux urinoir installé par Marcel Duchamp dans une galerie d'art –, deviennent des œuvres, et même des « images de la modernité ».

C'est pourquoi regarder une image – ou un objet élevé au rang d'image – engage toujours à intérioriser un cadre contenant en même temps que des contenus [1]. Ce travail d'intériorisation est induit par le fait que la relation à l'image reproduit les conditions de base du fonctionnement psychique. Nous ne sommes le plus souvent poussés à aucune activité motrice par les images que nous voyons, et le seul engagement qu'elles exigent de notre part est de les associer entre elles, ainsi qu'avec nos pensées et nos souvenirs personnels. Autrement dit, de toutes les activités auxquelles peut se livrer l'être humain, fabriquer des images et en regarder sont celles qui sont

1. C'est là précisément l'un des trois aspects des pouvoirs de « contenance des images ». Les deux autres sont : la façon dont toute image est porteuse de l'illusion de « contenir » tout ou partie de ce qu'elle représente, et le fait qu'à chaque fois que nous regardons une image, nous imaginons qu'elle est vue de la même manière par l'ensemble de ses spectateurs passés, présents et à venir *(Psychanalyse de l'image, op. cit.).*

les plus proches de son fonctionnement psychique, défini comme la capacité de contenir et de transformer en représentations des états du corps et des émotions. Avec les images, nous sommes invités à éprouver des émotions sans recourir à la régulation d'un comportement moteur et à les transformer pour nous les approprier – ce que nous faisons en général en parlant d'elles et des émotions qu'elles nous inspirent.

Terminons par les formes d'angoisse qui accompagnent cette fonction psychique et qui se retrouvent naturellement dans nos relations aux images. Elles revêtent deux modes opposés qui correspondent aux deux situations extrêmes redoutées : d'un côté, l'angoisse d'une enveloppe trop fragile qui laisserait partout sourdre une excitation diffuse ; et de l'autre, celle d'une enveloppe continue et solide, mais percée de trous : l'angoisse est alors celle d'avoir un intérieur qui se vide.

Dans nos relations aux images, cette première inquiétude se traduit par la crainte que notre environnement visuel nous communique une excitation permanente, non localisable et impossible à apaiser. C'est une angoisse qui revient régulièrement par rapport à la publicité et dont les premières manifestations remontent aux années 1980. Selon cette approche, les publicités contribueraient à un état d'excitation d'autant plus angoissant qu'il s'installerait à notre insu : il suffirait que notre regard les croise sans même que nous ayons besoin de les regarder pour qu'aussitôt nous soyons « excités » par elles sans savoir pourquoi. En réalité, les publicitaires savent bien qu'une publicité n'est efficace que si son spectateur y « entre », c'est-à-dire s'y intéresse. C'est pourquoi repérer de telles portes d'entrée, et les mettre en scène de la manière la plus attractive possible, fait aujourd'hui partie de leurs tâches prioritaires.

La seconde angoisse liée aux fonctions contenantes des images porte sur l'effacement de leur cadre. Les premiers spectateurs d'une nouvelle technologie d'images ont souvent de la difficulté à intérioriser ce rôle « contenant » du cadre qui fait exister l'image en tant que telle. Ainsi, les premiers spectateurs du film des frères Lumière intitulé *L'Entrée du train en gare de La Ciotat* craignaient-ils que la locomotive roule sur eux et les écrase, comme si le cadre de l'écran ne pouvait contenir l'image dans ses limites !

L'image sans cadre est une inquiétude qui nous poursuit même dans nos rêves, puisque le passage au cauchemar correspond très souvent à la disparition du cadre qui nous fait assister de loin à une action. Tant que celle-ci est agréable ou rassurante, le rêveur est en effet heureux de se trouver à l'intérieur. Mais, aussitôt qu'elle est angoissante, il ne continue à dormir que pour autant qu'il y assiste de loin, comme si elle se déroulait sur une scène de théâtre ou un écran de cinéma. Le rêveur peut voir monter l'eau devant lui, un monstre dévorer sa proie ou des balles traverser son champ de vision, et continuer à dormir. Mais aussitôt que l'eau monte autour de lui, que le monstre s'avance dans sa direction ou qu'un projectile est dirigé contre lui, il se réveille angoissé ! Il a fait un cauchemar, son rêve est sorti du cadre où il était jusque-là contenu.

Les images comme étayage de l'identité

Les personnes et les groupes affichent volontiers leur originalité à travers des images. L'adolescent installe ainsi dans sa chambre des posters des chanteurs ou acteurs de cinéma auxquels il prétend vouloir ressembler, et toutes les religions proposent à leurs fidèles des images de héros à imiter. Or, là encore, cette fonction des images trouve sa lointaine origine dans la peau.

L'affirmation de la spécificité de chacun passe en effet d'abord par celle de son enveloppe cutanée, et notamment de sa texture et de sa couleur. Le slogan revendiqué par des militants noirs – « *Black is beautiful* » – ne concernait pas seulement une couleur de peau, mais la revendication d'une beauté indissociablement liée à celle-ci. L'affirmation des qualités de l'enveloppe est inséparable de celle des valeurs du « dedans ».

En outre, en revendiquant les images qu'il aime, l'être humain renforce aussi sa conviction d'être partie prenante d'un ensemble qui le contient et auquel il participe – il n'est donc pas un élément isolé. Les images sont en cela des espèces de « peaux identitaires » que nous utilisons soit individuellement, soit collectivement. D'ailleurs, tous les groupes soucieux de cimenter leur solidarité se cherchent des images emblématiques parce que l'image fait lien, et c'est encore plus vrai si des rites lui sont associés, dont le plus ancien est de les promener en procession à date fixe.

Enfin, là encore, cette fonction des images s'accompagne d'une angoisse spécifique. Il s'agit de celle de perdre toute conscience des frontières et de laisser entrer en soi des corps étrangers. Cette angoisse participe à la protection du sujet en le poussant par exemple à prendre des précautions dans les domaines de l'hygiène et de la nourriture, mais elle peut prendre aussi des formes extrêmes dans certaines maladies mentales : ainsi, dans la psychose, la réalité extérieure est mal distinguée de la réalité intérieure et l'une et l'autre sont confondues. Lorsque de telles confusions apparaissent, le sentiment dominant est volontiers celui d'une « inquiétante étrangeté[1] ». Par exemple, nous pouvons voir des films publicitaires ou de fiction que nous savons être vus par des milliers d'autres spectateurs, et *pourtant*, nous ne pouvons pas nous empêcher de penser qu'ils *s'adressent à nous directement.* Quand une telle impression nous saisit, nous parvenons en général rapidement à prendre de la distance par rapport à elle. Mais certains n'y parviennent pas ! La difficulté où se trouvent ces personnes dépasse évidemment beaucoup le cadre de leurs relations aux images. Ce qui est en jeu chez elles, c'est une relation perturbée à autrui bien avant d'être une relation perturbée aux images. D'ailleurs, ces personnes ont bien souvent le sentiment que les autres ne peuvent être que des doubles d'elles-mêmes et que si ce n'est pas le cas, ce sont des ennemis ! Quand elles s'attachent à quelqu'un, c'est avec l'illusion qu'il est « absolument pareil » à elles, comme me le disait

1. P. Federn (1952), *La Psychologie du Moi et les Psychoses*, Paris, PUF, 1979.

un jour un patient d'un ami en qui il lui semblait enfin pouvoir avoir confiance...

Rien d'étonnant alors si, quand de telles personnes jettent leur dévolu sur un héros de fiction, la même confusion s'établit. Elles se disent à elles-mêmes, et disent volontiers aux autres : « Lui, c'est moi. » C'est ce qui est arrivé à Richard Durn, l'auteur de la tuerie de Nanterre, quand il a croisé le héros incarné par Robert DeNiro dans *Taxi Driver*. Il ne s'agissait pas d'une confusion entre le monde de la réalité et celui des images, comme on l'a dit un peu vite, mais de quelque chose de beaucoup plus grave, une confusion entre soi et l'autre qui peut aussi bien s'installer autour d'une personne réelle que d'un héros de cinéma. Pourquoi, alors, cette confusion s'établit-elle plus souvent autour des fictions que des gens que nous côtoyons chaque jour ? Tout simplement parce que les personnages de fiction peuvent facilement être réduits aux seules caractéristiques autour desquelles nous désirons entretenir la confusion ! Mais n'oublions pas que, bien avant que le cinéma n'encourage ce genre d'identification chez certaines personnalités désemparées, un héros bien réel les avait suscitées, Napoléon Bonaparte ! Si le fou qui se prend pour Napoléon est une image commune – à tel point qu'Hergé lui-même la met en scène dans une clinique psychiatrique indienne[1] –, c'est parce qu'elle contient quelque chose de vrai. Mais la légende de Napoléon n'était pas plus responsable des errances qui se raccrochaient à elle que

1. Dans *Les Cigares du pharaon.*

les images ne le sont aujourd'hui de celles qui tentent de s'y arrimer.

Ceux qui, comme Richard Durn, ne parviennent pas à investir une image réaliste et nuancée d'eux-mêmes, soit qu'ils se pensent comme des cas désespérés au-delà de toute aide possible, soit qu'ils s'imaginent être des personnalités tellement exceptionnelles que cela leur attire la haine et la jalousie de leurs semblables, ceux-là courent le risque d'être attirés par les héros les plus violents. Et le modèle qu'ils se choisissent a d'autant plus de chances d'être « extrême » que leur souffrance est plus grande...

D'ailleurs, Richard Durn a expliqué que la manière dont il s'était identifié à l'acteur DeNiro dans le film *Taxi Driver* lui avait permis d'échapper au sentiment d'être un raté et un nul. Avant cette rencontre, Durn se désespérait de n'être qu'un individu creux et vide. Le jour où il a décidé de s'identifier à ce personnage – pour des raisons que nous ne connaîtrons jamais et qui n'appartenaient qu'à lui –, il s'est soudain empli d'une certitude : il devenait l'incarnation d'un héros qu'il savait parfaitement être une fiction, mais dont il lui semblait être la réplique parfaite. Il décidait d'« entrer dans la peau d'un autre » pour « être enfin lui-même », et le décalage entre ces deux formules montre bien que les images jouent un rôle secondaire dans un tel choix et que la personnalité y est tout. Bref, les modèles cinématographiques n'hypnotisent qu'à la mesure du désir de leur spectateur de l'être. La rapidité avec laquelle de tels changements d'identité ont lieu montre d'ailleurs bien qu'ils sont destinés à se substituer à la fonction psychique qui régule normalement l'estime de soi.

Les images comme pare-excitation

Parler des images comme d'une forme de protection peut paraître étrange. Nous nous sentons en effet plus souvent agressés que protégés par elles, et notamment par celles d'actualité qui nous montrent tant de scènes pénibles ! Mais les événements sur lesquels elles nous informent, même si c'est d'une manière que nous jugeons parfois violente, nous malmèneraient bien plus encore s'ils nous arrivaient en réalité ! En fait, les images permettent à l'être humain de se confronter à des situations traumatiques par images interposées. Les appareils sophistiqués qui permettent aujourd'hui aux soldats américains en Irak de voir leurs ennemis sans être vus par eux, et en restant à l'abri de leurs balles [1], sont une application de cette fonction, tout comme l'étaient les systèmes optiques élémentaires qui permettaient aux combattants des tranchées d'observer sans risques leurs vis-à-vis. Et, pour nous qui ne voyons ces guerres que sur l'écran de nos téléviseurs, les images permettent aussi la confrontation à ces événements angoissants d'une manière qui nous agresse psychiquement, mais jamais physiquement.

La fonction psychique qui permet d'amortir les excitations trop intenses venues de l'extérieur a été désignée

1. Voir *Le Monde* du 5 avril 2003.

par Freud sous le nom de « pare-excitation ». Peut-être l'appellerions-nous plutôt aujourd'hui « fonction airbag » ? En tout cas, une récente publicité pour ces coussins gonflables antichocs mettait en scène un bébé un peu bousculé dont le visage se posait en douceur sur le sein rebondi de sa maman. La publicité nous le disait : « Votre premier airbag ! » Cette mise en scène nous rappelait ainsi que c'est d'abord la mère qui sert de pare-excitation au bébé – autrement dit, de pare-chocs contre le risque d'un excès d'excitation – jusqu'à ce que celui-ci devienne capable d'assumer cette fonction pour lui-même.

En fait, cet apprentissage progressif est inséparable des divers objets avec lesquels l'enfant se familiarise et qu'il utilise pour se protéger, qu'il s'agisse des vêtements qui le réchauffent ou des divers moyens de locomotion qui lui permettent d'aller plus vite et plus loin sans se fatiguer[1]. Autrement dit, la construction d'un pare-excitation adéquat consiste autant dans l'utilisation des objets qui y participent que dans une construction psychologique.

Enfin, là encore, les angoisses attachées à cette fonction de pare-excitation se retrouvent dans nos relations aux images. C'est sous la forme de deux scénarios également catastrophiques, le pare-excitation excessif et le pare-excitation insuffisant.

Tout d'abord, si le pare-excitation est trop épais, il

1. Voir à ce sujet mon ouvrage *Comment l'esprit vient aux objets*, Paris, Aubier, 1999.

empêche toute communication avec l'environnement. C'est le fantasme du chevalier dans son armure étanche, comme une sorte de bernard-l'ermite au fond de sa coquille. Aucune agression ne peut le blesser, mais aucune parole, aucun regard ou aucune caresse ne peut non plus l'atteindre. L'angoisse qui y correspond est celle de rester enfermés dans les images où nous tentons de trouver refuge sans plus pouvoir en sortir.

Mais, à l'autre extrême, si le pare-excitation n'est pas suffisamment étanche, il laisse s'échapper ce qu'il est censé contenir au-dedans et pénétrer ce qu'il est censé retenir au-dehors. Et cette inquiétude se retrouve dans nos relations aux images sous la forme de l'impossibilité de faire la distinction entre nos images « du dedans » et celles « du dehors ». Notre monde intérieur serait, à la limite, totalement réduit aux images du dehors qui y entrent et nous prendrions les secondes pour le premier. Cette inquiétude s'est notamment trouvée, dans les années 1970, sous la plume de psychanalystes [1] qui craignaient que l'imaginaire des enfants confrontés à des images ne finisse par se réduire à celles-ci. Heureusement, le grand nombre d'enfants confrontés précocement à des images et qui sont devenus des créateurs talentueux est là pour démentir cette sombre prédiction !

Bien entendu, il arrive parfois que des personnalités fragiles, ne sachant où trouver leurs repères, décident de se guider sur des images. Mais c'est comme si, perdus

1. Comme Bruno Bettelheim (*Psychanalyse des contes de fées*, Paris, Laffont, 1976).

dans une forêt épaisse, nous décidions de nous guider sur la direction indiquée par la fuite d'un lièvre ou le vol d'un oiseau. Quand nous nous sentons perdus, n'importe quel signe ou événement peut être investi du pouvoir de nous sauver. Mais de telles situations, il faut bien le dire assez rares, ne dépendent jamais des images seules. C'est toujours le désir de nous guider sur elles, pour des raisons personnelles souvent obscures, qui en est la clef[1].

Les images comme inscription des traces

Les images ne sont pas seulement des « super-organes des sens » qui permettraient de voir mieux et plus loin. Tout comme le système psychique lui-même, elles possèdent une fonction d'*inscription*. La mémoire des événements que nous traversons est en effet éphémère. Mais les diverses machines à images mises au point par l'être humain les transforment en traces que celui-ci peut conserver, classer et consulter à tout moment.

Les images sont bien en cela le prolongement de la fonction psychique d'inscription des traces sensorielles. Elles nous permettent d'assimiler les expériences du passé à notre rythme en y revenant aussi souvent que nous le souhaitons. Cette fonction d'inscription et de sauvegarde est tellement importante que des institutions

---

1. Sur les raisons de tels mésusages de certaines images en relation avec des événements personnels vécus, on peut consulter mon ouvrage *Y a-t-il un pilote dans l'image ?* (Paris, Aubier, 1998).

ont été créées pour veiller sur elle, comme l'Institut national de l'audiovisuel en France. Par ailleurs, cette fonction d'inscription est inséparable de la mise au point de machines qui nous permettent d'observer les images sous divers angles de façon à pouvoir choisir celui qui correspond le mieux à nos attentes. La numérisation permet aujourd'hui de visualiser un objet en trois dimensions et de tourner autour en observant successivement chacune de ses faces. C'est l'une des possibilités les plus étonnantes fournies par les jeux vidéo que de permettre de tourner autour d'une scène et l'observer sous l'angle qu'on s'est choisi, à la distance qu'on souhaite. Et les bases de données interactives utilisent aujourd'hui la même logique.

Or cette fonction a un équivalent dans le développement psychique du nouveau-né : c'est la manière dont sa mère lui présente les divers objets qu'elle lui propose exactement de la manière dont il les attend [1]. Malheureusement, plus tard, cela n'arrive plus... C'est pourquoi l'être humain, qui doit prendre dans la vie les objets et les situations comme ils se présentent, s'est consolé avec les images ! Elles, au moins, se présentent toujours à lui comme il le désire puisqu'il les choisit sur mesure pour cela ! Autrement dit, il fait jouer aux images le rôle d'une mère substitutive relativement à cette fonction.

Enfin, là encore, nos attentes vis-à-vis des images s'ac-

---

1. Cette fonction a été présentée par le psychanalyste Winnicott comme l'une des trois fonctions fondamentales jouées par la mère, à côté du maintien (*holding*) et de la tenue (*handling*).

compagnent d'angoisses qui correspondent à la fonction psychique d'inscription des traces. Nous craignons que l'inscription des images nous marque d'une manière dont nous ne pourrions plus nous défaire, jusqu'à en mourir. Être hanté par une image jusqu'à ne plus pouvoir penser à autre chose, et même jusqu'à accomplir dans la réalité le scénario qu'elle raconte, n'est pas un danger réel, mais un fantasme. Et, comme c'est un fantasme attaché aux images, il n'est pas étonnant qu'il habite la plupart des récits qui leur sont consacrés, écrits ou filmés.

Les images comme source d'éveil

Le système psychique doit être rechargé en permanence, à défaut il est menacé d'extinction. Le théâtre de Samuel Beckett témoigne de ce danger : les personnages y sont immobiles comme si leur corps n'était plus investi d'une énergie suffisante pour se mouvoir, leurs propos sont répétitifs et tout y semble figé[1]. Chez le nouveau-né, cette fonction de recharge est d'abord assurée par son environnement qui est en général assez riche pour y parvenir. Puis les sources d'excitation externe sont intériorisées, ce qui lui permet de soutenir sa curiosité et son activité même dans un environnement peu stimulant.

1. Sur la manière dont ce théâtre témoigne d'un monde souffrant d'un défaut d'excitation, on peut consulter D. Anzieu, *Beckett et le psychanalyste*, Paris, Éd. Mentha/Archimbaud, 1992.

L'entourage ne cesse pas pour autant d'être important. L'adulte a besoin lui aussi, dans des proportions variables selon sa personnalité, d'excitations externes pour rester éveillé et vivant. Et c'est là que les images jouent un rôle capital. En regarder fait partie de ce système de recharge... même si elles ont un contenu informatif pauvre. La télévision des « émotions fortes », comme le sont aujourd'hui les programmes de télé-réalité, a probablement un bel avenir devant elle !

Beaucoup de gens trouvent en effet leur réalité quotidienne répétitive et ennuyeuse et ils utilisent les images – notamment celles de la télévision, du cinéma et des jeux vidéo – pour maintenir leur tension intérieure[1]. Cette caractéristique explique le succès considérable d'émissions de télé-réalité basées sur l'identification massive des spectateurs à des personnages qui leur semblent proches, mais qui sont, à la différence d'eux, plongés dans des situations extrêmes. Tout, dans ces émissions, est construit pour faire éprouver aux spectateurs des émotions violentes – telles que le dégoût, la peur et l'angoisse – qu'ils n'éprouvent plus dans leur vie quotidienne, et qui leur procurent le sentiment de vivre « intensément ». La clé de leur succès, ce n'est pas l'exhibitionnisme, mais l'intensité des émotions. Jusque dans les années 1960, c'étaient les parades et les défilés qui jouaient ce rôle, aujourd'hui, c'est la télé-réalité !

---

1. Transcrit dans le langage psychanalytique, on peut dire que la recherche d'images émotionnellement fortes joue dans le « moi » le rôle excitant rempli dans le « ça » par les pulsions.

Cette utilisation des images au service d'une tension énergétique appropriée risque d'être d'autant plus importante que l'environnement précoce a mal rempli ce rôle. De nombreux enfants ont en effet connu des moments d'ennui et de désespoir en liaison avec des décrochages dans le comportement de l'adulte qui s'occupait d'eux. Certaines mères dépressives peuvent lutter contre cette tendance quand elles sont avec d'autres adultes – et surtout si ceux-ci les stimulent – mais s'y abandonnent avec leur bébé. Celui-ci grandit alors avec ces moments de désinvestissement inscrits au fond de lui et il vit sous leur menace. Pour la conjurer, il peut bien entendu chercher la compagnie de camarades qui ont un fort potentiel de communication, mais, sitôt qu'il est seul, ces parties enfouies menacent de lui faire éprouver un sentiment tragique de sous-excitation. Or c'est là que les images interviennent, soit sous la forme de programmes télévisés ou cinématographiques à forte charge émotionnelle, soit sous celle de jeux vidéo interactifs. D'ailleurs, certains enfants qui s'engagent dans ces jeux avec passion semblent littéralement y nourrir leur vie psychique. Quand ils s'arrêtent, ils sont comme éteints. En fait, l'accrochage aux images est leur manière de tenter d'entretenir un niveau d'excitation suffisant pour se sentir en vie.

Enfin, là encore, nos attentes vis-à-vis des images s'accompagnent des angoisses correspondantes. D'un côté, nous craignons que des images trop violentes provoquent un accès de panique submergeant. Et, à l'autre extrême, nous craignons que des images soporifiques nous endorment ou nous anesthésient. Comme toujours, les situations où ces menaces se réalisent sont très rares, et quand cela arrive, bien d'autres facteurs que les images y interviennent. En revanche, ces angoisses – et les représentations qui les accompagnent – sont un élément essentiel de nos relations aux images, tout simplement parce qu'elles accompagnent notre fonction psychique de recharge libidinale bien avant que nous ayons recours aux écrans pour l'alimenter. Ceux d'entre nous qui ont bénéficié d'un environnement premier adéquat à leurs attentes vivent en général en paix avec les images et dénoncent celles qui ne font que jouer sur les émotions aux dépens des contenus. Mais ceux qui ont pâti d'un défaut de stimulation s'en nourrissent volontiers, tandis que ceux qui ont connu un excès précoce d'excitation s'en excitent... et craignent souvent aussi qu'elles excitent les autres !

Les images comme soutien de l'excitation sexuelle

Quand on évoque le soutien de l'excitation par les images, on pense aussitôt à l'excitation sexuelle. Avant elles, ce sont les contacts cutanés agréables provoqués par les soins corporels qui ont joué ce rôle. Mais les images prennent naturellement le relais de cette fonction première d'excitation par les mains et le regard de l'autre. Les représentations sexuelles – qu'elles soient considérées comme érotiques ou pornographiques – ont un pouvoir aphrodisiaque qui n'échappe à personne !

Malheureusement, chez les enfants qui ne peuvent pas avoir d'activité sexuelle – ou chez certains adultes qui sont dans la même situation –, l'excitation érogène provoquée par de telles images se transforme volontiers en angoisse. Celle-ci est ressentie psychiquement, mais elle peut l'être aussi physiquement sous la forme d'une « boule » dans la gorge, de l'envie de vomir ou même de douleurs. Cet état, qui témoigne d'un excès d'excitation impossible à maîtriser, fait parfois confondre les enfants malmenés par des images pornographiques avec ceux qui ont été victimes de sévices sexuels réels. C'est évidemment une erreur d'appréciation, et la preuve en est que les moyens utilisés par les enfants pour se protéger sont différents dans les deux cas. L'enfant victime de sévices sexuels réels a plutôt tendance à imposer la situation qu'il a vécue à d'autres enfants, en général plus jeunes que lui. Au contraire, l'enfant traumatisé par une image a plutôt tendance à concentrer son attention sur les écrans, soit pour se protéger contre le risque d'y être une nouvelle fois confronté (il refuse alors de regarder les images par lesquelles il craint d'être perturbé), soit pour chercher des images proches de celles qui l'ont surpris, mais en se préparant cette fois à leur rencontre de manière à en maîtriser les effets. C'est pourquoi, toutes les fois où un enfant cherche à se soumettre à des images pénibles en sachant qu'elles le sont, il y a de fortes chances pour qu'il ait un jour été soumis à la violence d'autres images sans les avoir choisies.

Il est vrai qu'un enfant qui en agresse un plus jeune est bien souvent tenté, aujourd'hui, de dire que c'est la faute des images qu'il a vues plutôt que d'invoquer des sévices sexuels qu'il a pu subir de la part d'un proche. Les jeunes ont en effet bien compris que de telles confidences risquent d'envoyer en prison des personnes de leur entourage qu'ils aiment par ailleurs sincèrement. Mais si accuser les images leur permet à la fois de se présenter comme des victimes et de ne désigner aucun agresseur, les adultes qui les ont en charge doivent rester prudents sur la valeur à accorder à leurs propos.

Les images comme rencontre esthétique

Enfin, à ces huit manières d'utiliser les images en liaison avec nos premières relations à nos mères, il nous faut en ajouter une dernière, leur pouvoir de nous donner des émotions esthétiques fortes. Devant une image, qui d'entre nous ne s'est pas exclamé un jour : « Que c'est beau, c'est vraiment sublime ! » ? Cela arrive à certains devant un tableau, à d'autres au cinéma, et parfois même devant une simple image pornographique, comme dans le cas d'Éric, cet adolescent décrit par Gérard Bonnet, qui passait de longues heures à s'émerveiller devant des représentations du sexe féminin[1]. Ces diverses images n'ont bien entendu rien de comparable entre elles, mais l'émotion éprouvée est chaque fois la même, celle d'une beauté qui laisse sans voix. Cette émotion – qui se produit aussi parfois devant une personne – trouve là encore

1. G. Bonnet, *Défi à la pudeur*, Paris, Albin Michel, 2003.

son origine dans les premières émotions voluptueuses que nous avons connues à l'aube de notre vie. Il s'agissait d'émotions intenses où se partageaient le sentiment d'un monde extraordinairement différent et attrayant, et celui d'une curiosité insatiable. C'est pourquoi ces premières émotions ont le pouvoir de nourrir à la fois le goût d'une expérience esthétique qui ouvre à un au-delà de soi-même et la curiosité de savoir si c'est aussi beau « dedans » que « dehors »[1]. Ainsi naissent ensemble le sentiment de la transcendance et la curiosité de chacun pour ce qui se cache « dedans », ou « derrière » ce qui a le pouvoir de le bouleverser. Alors que notre premier objet esthétique est perdu à tout jamais, certaines images ont le pouvoir de nous restituer la qualité des émotions que nous avons éprouvées avec lui. Et elles le peuvent aussi souvent que nous le désirons, et sans autre forme d'engagement de notre part que le bonheur éprouvé à leur contact.

---

1. Donald Meltzer a le premier décrit cet aspect de la relation du nouveau-né à sa mère (Meltzer et Williams, *L'Appréhension de la beauté*, Larmor, Éditions du Hublot, 2000).

Quand la passion des images devient envahissante : les addictions

Nos relations aux images reproduisent nos relations à nos mères, et cette caractéristique est à la fois la clé des bénéfices que nous y trouvons et des inquiétudes qu'elles alimentent. Il est donc normal que notre attitude vis-à-vis d'elles oscille entre fascination et répulsion, désir de nous y abandonner sans retenue et angoisse de ne pas pouvoir nous en dégager. Mais il arrive aussi parfois que cette relation devienne envahissante au point de menacer toutes les autres. On parle alors volontiers d'« addiction aux images » et on dit que l'utilisateur est « accro ». Mais ces expressions contribuent à obscurcir le problème bien plus qu'à le clarifier. Les diverses formes de relation aux images que nous avons évoquées peuvent en effet déterminer autant de dépendances différentes envers elles, et il est nécessaire de comprendre à chaque fois laquelle est en jeu. Pour ne prendre qu'un seul exemple, un enfant scotché devant la télévision parce qu'il cherche à intérioriser une « colonne vertébrale » psychique ne va pas être « accro » aux images de la même manière que quelqu'un qui cherche à endosser la peau d'une créature de fiction avec l'espoir de s'y sentir enfin lui-même, comme Richard Durn. Dans l'addiction, ce n'est jamais le produit qui compte, mais la relation qu'un sujet établit avec lui. Et, dans le cas des images, ces relations sont inséparables des grandes fonctions psychiques qui s'y trouvent étayées.

Cette approche ouvre la voie à une étude des « ratés » de nos relations aux images qui prenne en compte la multiplicité de nos attentes vis-à-vis d'elles. Le drame serait en effet d'envisager la dépendance aux images sur le modèle de celle qui attache à des produits toxiques, alors qu'ici, c'est la relation qui est la clé de l'addiction. Et d'ailleurs, la preuve en est que le « sevrage » d'une addiction aux images ne s'accompagne jamais des symptômes physiologiques qui accompagnent la privation de tabac ou d'alcool chez une personne intoxiquée.

Les diverses formes de dépendance aux images en liaison avec les fonctions qu'elles remplissent pour chacun sont évidemment un sujet immense, et nous n'en poserons ici que quelques repères. Nous le ferons autour des deux grands dispositifs d'images le plus souvent évoqués : la télévision et les jeux vidéo. Et comme l'investissement d'un joueur est différent selon qu'il rivalise avec la machine ou entre en contact avec des adversaires réels sur Internet, nous envisageons trois situations distinctes : la position du spectateur de télévision, celle du joueur opposé à l'ordinateur, et enfin celle du joueur en réseau qui peut entrer en relation en temps réel avec des milliers d'autres joueurs.

Le spectateur pris dans le flux télévisuel

Commençons par l'addiction au flux télévisuel. Confortablement installé dans son fauteuil, le téléspectateur voit bien entendu défiler des images, mais il renoue aussi avec une position éminemment sécurisante : celle dans laquelle, tout petit, il collait son dos contre le ventre d'un parent. Autrement dit, face à une consommation télévisuelle effrénée, il est toujours utile d'interroger les représentations que le spectateur privilégie, ses souvenirs et ses angoisses.

Michael Stora évoque l'histoire d'un garçon de douze ans qui passait un temps considérable devant la télévision[1]. Il avait pris cette habitude tout petit, sa mère l'ayant très tôt installé avec elle « devant le poste ». En fait, peu après la naissance du garçon, cette femme avait suivi son mari muté aux États-Unis pour des raisons professionnelles, et là, sans travail et sans amis, elle s'était déprimée et avait investi la télévision comme une manière de rester en vie. Le bébé avait donc très vite investi l'écran comme un objet de désir privilégié par sa mère. Il avait remarqué très tôt que la télévision avait le pouvoir d'animer le visage de sa mère et de susciter chez elle des émotions qui contrastaient avec l'état d'abattement et d'apathie où elle était habituellement plongée. La télévision présentait donc pour lui un double béné-

1. M. Stora, « Addiction au virtuel, le jeu vidéo », in *L'Adolescent et le Virtuel, op.cit.*

fice. Tout d'abord, lorsque sa mère regardait la télévision, il était heureux de voir son visage devenir vivant et se sentait dégagé du devoir de l'animer lui-même. Et ensuite, lorsqu'il s'installait sur ses genoux devant le poste, il bénéficiait du sentiment sécurisant de se sentir tenu par quelqu'un qui éprouvait des émotions et les lui communiquait.

Les enfants qui ont connu une telle situation – et ils sont certainement beaucoup plus nombreux qu'on ne croit – développent une relation à la télévision dans laquelle c'est moins le programme qui importe que la position face au récepteur. L'important pour eux est que la lucarne soit allumée. Par un déplacement qui n'a rien d'étonnant, l'élément d'abord secondaire de cette situation – à savoir le fait de regarder l'écran – s'est trouvé chargé de pouvoir rappeler l'élément principal, le corps-à-corps rassurant avec l'adulte. Cette fonction des images a pour corollaire une angoisse bien précise, celle de la chute dans le vide. Et c'est bien une forme d'angoisse qui peut accompagner le spectateur de télévision. Que l'écran s'éteigne, que plus rien ne le retienne et il risque en effet de tomber !

C'est probablement pourquoi beaucoup de téléspectateurs préfèrent les programmes répétitifs ou les rediffusions aux images qui risquent d'emmener leur esprit vers des territoires inconnus. Ces images ont une valeur antidépressive par le seul fait de leur existence. Le spectateur n'attend pas d'elles un contenu qui lui « apporte quelque chose », mais, bien au contraire, qu'aucun contenu ne vienne troubler la fonction assurée par leur seul cadre.

Ce choix est évidemment incompréhensible pour tous ceux chez qui cette fonction de maintien est assurée, que ce soit du fait de leur histoire ou du statut gratifiant qu'ils occupent dans la société. Leur « base arrière » est constituée, et eux peuvent rechercher dans les images d'autres choses, comme des informations sur des problèmes de société, des éléments de réflexion, voire le « beau » sous l'une ou l'autre de ses formes. De tels choix ne sont ni plus ni moins légitimes que le précédent, et ceux qui les revendiquent pour eux-mêmes n'ont aucune raison de couvrir de leur mépris ceux qui en font d'autres. Ce n'est affaire ni d'intelligence, ni de programmes – il en est d'ailleurs d'excellents qui sont peu regardés, notamment sur France 5 et Arte. Cela relève des attentes vis-à-vis des images, liées pour chacun à son histoire personnelle.

L'interactivité gratifiante de l'ordinateur

La recherche de l'interactivité dans les jeux vidéos obéit elle aussi à des objectifs autocuratifs, mais bien différents. Il ne s'agit plus de soutenir le psychisme par le flux télévisuel, mais de réveiller et de renforcer en soi l'image d'une mère active dans la relation, autrement dit « interactive ». Bref, il ne s'agit plus d'être tenu par les images dans une proximité vivante, mais d'interagir avec elles comme un nouveau-né le fait normalement avec sa mère. L'ordinateur le permet. Comme avec un être vivant, on doit d'abord se familiariser progressivement avec lui pour accorder son langage au sien. Mais, à la différence de ce qui se passe dans la vie réelle, l'ordinateur peut être abandonné à tout instant sans qu'il en garde jamais rancune au moment où on décide de renouer le contact avec lui !

C'est pourquoi des enfants sous-stimulés pendant leur petite enfance pourraient tenter par ce moyen de ranimer en eux la mère excitante qui leur a parfois fait défaut, notamment si elle a souffert d'un état dépressif qui l'a empêchée de remplir cette fonction. Bref, ce n'est pas leur propre dépression que ces enfants soigneraient en s'engageant dans des pratiques intensives de jeux vidéos, comme on le croit parfois à tort, mais leur mère dépressive à l'intérieur d'eux. Certains thérapeutes tentent d'ailleurs aujourd'hui d'utiliser ces jeux pour aider des enfants – et parfois des adultes – à sortir de leur dépression. Le joueur accompagné passe progressivement d'une manière de jouer dans laquelle c'est la maîtrise de la machine qui est recherchée – dans un désir de toute-puissance et d'emprise absolue sur elle – à une autre dans laquelle il cherche à mieux la connaître pour mieux composer avec elle. Puis, dans un troisième temps, l'investissement d'abord dévolu à la machine est progressivement reporté sur la personne du thérapeute. La relation avec lui s'enrichit alors de ce qui a d'abord été mobilisé dans le jeu.

Les jeux en réseau et l'étayage narcissique

Enfin, les jeux multijoueurs sur Internet[1] mobilisent une troisième forme de relation aux images susceptible de créer une dépendance particulière. Dans la mesure où toutes les difficultés rencontrées nécessitent qu'on soit plusieurs pour les surmonter, les joueurs doivent y construire en permanence des liens et des alliances. Celles-ci se font par l'intermédiaire de l'« avatar » que chaque joueur choisit pour le représenter. Chacun de ces « avatars » reçoit au début du jeu un sexe, une race – choisie parmi un ensemble imaginaire – et des caractéristiques physiques et psychologiques. Le joueur en réseau est donc dans une situation très particulière. D'un côté, il doit constamment s'engager dans des interrelations avec d'autres joueurs, mais en même temps il ne le fait que caché derrière une apparence et une personnalité qu'il s'est fabriquées. Autrement dit, il accepte d'entrée de jeu le caractère imprévisible de toute relation, mais maintient son emprise sur deux aspects impossibles à contrôler totalement dans la vie réelle (même si certains subterfuges permettent de ruser avec eux) : son apparence et la possibilité de se retirer à tout moment de la relation.

1. Appelés « jeux de rôles massivement multijoueurs en ligne » ou encore « *Massively Multiplayer Online Role Playing Game* » (MMORPG). Le plus connu d'entre eux est actuellement en France *Dark Age of Camelots.*

Mais l'essentiel de ces jeux est sans doute que chaque combat qui aboutit à la victoire de plusieurs joueurs associés entre eux contre un ennemi se termine par... des gratifications réciproques. Les combattants s'envoient des messages pour se féliciter mutuellement de leur efficacité, le chevalier de s'être bien battu, le sorcier d'avoir jeté d'excellents sorts et le guérisseur d'avoir utilisé opportunément ses pouvoirs magiques. C'est pourquoi ces jeux ajoutent aux formes de dépendance évoquées autour de la télévision et des jeux avec l'ordinateur l'assurance d'une gratification narcissique permanente par les pairs.

Nous voyons donc que la consommation intense d'écrans ne concerne pas une seule forme de relation aux images, mais plusieurs. *L'addiction au flux télévisuel* semble plutôt correspondre à la tentative de lutter contre le risque d'un effondrement intérieur. *L'addiction aux jeux vidéo solitaires avec la machine* concernerait plutôt l'intériorisation, par machine interposée, d'un interlocuteur interactif avec lequel établir un dialogue. Enfin, *l'addiction aux jeux joués en réseau sur Internet* – encore appelés jeux en ligne – correspondrait à la recherche de gratifications narcissiques de la part des pairs. Bref, alors que le joueur solitaire tenterait d'abord de s'assurer, par machine interposée, qu'il est capable d'agir sur le monde et d'en recevoir une réponse en retour, le joueur en ligne chercherait plutôt à être confirmé dans l'identité où il a provisoirement élu domicile[1]. Mais il est bien évident

1. Si on reprend la terminologie du psychanalyste Winnicott sur les diverses fonctions maternelles (D.W. Winnicott, *op. cit.*) on pourrait dire que l'addiction à la télévision résulte d'une défi-

que ces distinctions sont schématiques – il n'y a, dans les addictions, que des cas particuliers – et surtout provisoires, les pratiques dans ces domaines évoluant presque aussi vite que les technologies...

Pour conclure

L'être humain a donc inventé les images pour servir un seul et unique désir : reproduire avec elles les diverses formes de relations fondatrices qu'il a d'abord entretenues avec sa mère. Et, pour y parvenir, il a dès l'origine inscrit des images sur des supports de la même manière qu'il inventait des outils pour augmenter sa force musculaire et divers instruments de locomotion pour accroître l'efficacité de ses jambes.

C'est pourquoi ce ne sont pas les images qu'il faut craindre, mais les attentes irréalistes que certains sujets mettent en elles ou l'usage manipulatoire que certains groupes peuvent en faire. Mais nous comprenons également mieux pourquoi nous sommes tellement enclins à les accuser de tous les maux : dans la mesure où nous les avons créées pour soutenir nos fonctions psychiques,

---

cience dans l'intériorisation des fonctions maternelles de « *holding* » et de « *handling* », tandis que l'addiction aux jeux vidéo *off-line* résulterait d'une défaillance dans l'intériorisation de la fonction de « présentation de l'objet », l'objet correctement présenté étant celui avec lequel l'enfant peut jouer. Les jeux en réseau concerneraient, eux, plutôt le narcissisme dans ses aspects secondaires.

ce désir s'est accompagné dès le début de l'inquiétude qu'elles s'y substituent !

Il est vrai qu'un danger nous guette dans les images. C'est celui d'en fabriquer qui correspondent à une seule fonction. En effet, toutes les fois où une image prétend ne répondre qu'à un seul objectif, elle risque d'appauvrir le fonctionnement psychique. C'est notamment le cas des images pornographiques qui menacent la fonction de signification en prétendant seulement soutenir l'excitation sexuelle. Mais c'est tout aussi vrai d'images qui prétendraient ne viser que la signification : elles risqueraient bien d'endormir leurs spectateurs à défaut de prendre en compte le maintien de leur éveil psychique ! Heureusement, le plus souvent, les images reproduisent plusieurs des formes d'étayage qui s'établissent entre une mère et son bébé, même si toutes ne sont pas systématiquement au rendez-vous [1].

Dans tous les cas, l'intensité de nos relations à elles est fonction de la qualité de leur présence. C'est pour cela que l'être humain fabrique des images qui ont de plus en plus la capacité de simuler le monde réel ! Mais, en même temps, une seconde qualité est essentielle : celle de laisser à leurs spectateurs la possibilité de les utiliser

1. Dans la mesure où les diverses catégories d'images contribuent à nourrir différemment notre psychisme, on peut imaginer que cette approche soit un jour utilisée pour établir les bases d'une nouvelle typologie des diverses sortes d'images. Une typologie qui ne serait justement pas une « sémiologie », puisqu'elle ne devrait plus rien aux fonctions du langage, mais tout aux rôles joués pour chacun d'entre nous par la mère originelle.

à leur gré. Et, pour cela, il vaut mieux, bien entendu, qu'elles se présentent comme des constructions transformables à volonté que comme des reflets d'une réalité intangible. C'est à cette condition, et à cette condition seulement, qu'elles peuvent conforter les grandes fonctions psychiques mises en place dans les relations que chacun d'entre nous a entretenues avec celui qui l'a le premier pris en charge, qu'il s'agisse de sa mère ou de tout autre.

Table

Préface 7

I. L'image qui m'a sauvé

J'ai longtemps cru... 15

Un terrible sentiment d'abandon 16
À l'origine de trois passions 17
Trois métiers – ou trois passe-temps – possibles 20
Trinité 22
Être amoureux d'un symptôme 24
Quand une dépression en cache une autre 27

Quand les écrans nous parlent de nous 31

Ces images qui nous donnent des idées 33
Éprouver des émotions 37
Des images, pour le bonheur 39
Quand l'écran nous raconte une histoire intime 41

Comme une mère avec son bébé, abominablement 45

L'angoisse du regard vide 46
Le bébé tenu par le regard maternel 49
Des angoisses disséquantes 52
Le transfert par le regard 56
Tout plutôt qu'un regard vide ! 57

L'épouvante au fond des yeux 61

Mise en scène 62
L'épouvante au fond des yeux 66
Le miroir de la fiction 67

Comme une forêt calcinée 71

La part des émotions 72
Comme une forêt calcinée 75
Venir à bout des effets d'un traumatisme 77
Être amoureux de son traumatisme 81
Les bienfaits des métaphores 83
Épilogue 85

Guérir de ses traumatismes 89

Les habits neufs de la résilience 90
Un concept triplement équivoque 92
Quand le résilient tue 94
Circonscrire, dater et inscrire l'événement traumatique dans son histoire 97
Quand la métaphore est socialement impossible 99

II. Les images sont nos mères adoptées

De la peau de nos mères aux images de nos écrans 111

Peau contre peau ... 112
Quand la caresse des regards prend la place des contacts cutanés ... 117
Se trouver dans une image qui est à l'intérieur de soi . 120
De la peau caressée par la mère à l'œil caressé par les images ... 122
Trois bonnes raisons de créer des images ... 124

Les neuf fonctions de nos mères-images ... 127

Les images comme lieu d'intégration de sensations d'origines diverses ... 128
Les images comme appui intérieur ... 130
Les images comme contenant pour les pensées ... 133
Les images comme étayage de l'identité ... 138
Les images comme pare-excitation ... 142
Les images comme inscription des traces ... 145
Les images comme source d'éveil ... 147
Les images comme soutien de l'excitation sexuelle. 150
Les images comme rencontre esthétique ... 152

Quand la passion des images devient envahissante : les addictions ... 155

Le spectateur pris dans le flux télévisuel ... 157
L'interactivité gratifiante de l'ordinateur ... 159
Les jeux en réseau et l'étayage narcissique ... 161
Pour conclure ... 163

DU MÊME AUTEUR

Aux Éditions Aubier

Tintin chez le psychanalyste, 1985
La Bande dessinée au pied du mot, 1990
Tintin et les secrets de famille, 1992 (1re éd. Séguier, 1990)
Y a-t-il un pilote dans l'image ?, 1998
Comment l'esprit vient aux objets, 1999
Petites mythologies d'aujourd'hui, 2000

Aux Éditions Dunod

La Honte, psychanalyse d'un lien social, 1992
Psychanalyse de l'image, des premiers traits au virtuel, 1995
Le Psychisme à l'épreuve des générations, 1996 (ouvrage dirigé par Serge Tisseron)

Chez d'autres éditeurs

Psychanalyse de la bande dessinée, Paris, PUF, 1987 (rééd. Flammarion, 2000)
Hergé, Paris, Seghers, 1987
L'Érotisme du toucher des étoffes, Paris, Séguier, 1978 (en collaboration avec Yolande Papetti)
Clérambault, psychiatre et photographe, Paris, Les Empêcheurs de tourner en rond, 1990 (en collaboration avec Mounira Khemir)
Tintin et le secret d'Hergé, Paris, Presses de la Cité, 1993
Le Bonheur dans l'image, Paris, Les Empêcheurs de penser en rond, 1996
Le Mystère de la chambre claire, Paris, Les Belles Lettres (rééd. Flammarion, 1999)

Secrets de famille, mode d'emploi, Paris, Ramsay, 1996 (rééd. Marabout, 1997)
Du bon usage de la honte, Paris, Ramsay, 1998
Nos secrets de famille, histoires et mode d'emploi, Paris, Ramsay, 1999
Enfants sous influence, les écrans rendent-ils les jeunes violents ? Paris, Armand Colin, 2000
L'Intimité surexposée, Paris, Ramsay, 2001 (Prix du livre de Télévision, rééd. Hachette Littératures, 2002)
Les Bienfaits des images, Paris, Odile Jacob, 2002

Bandes dessinées

Histoire de la psychiatrie en bande dessinée, Paris, Savelli, 1978
Les Oreilles sales, Paris, Les Empêcheurs de penser en rond, 1994
Bulles de divan, Paris, Calmann-Lévy/Ramsay, 2001
Journal d'un psychanalyste, Paris, Calmann-Lévy/Ramsay, 2003

Livres de photographies

Nuages/Soleil (avec des photographies de Bernard Plossu), Paris, Marval, 1994
D'air en air (avec des photographies de Catherine Noury), Paris, Filigranes Éditions, 1995
Toi et Moi (avec des photographies de Claude Nori), Paris, En Vues, 1999

CHEZ LE MÊME ÉDITEUR

Claude Allard
L'Enfant au siècle des images

Patrick Delaroche
La Peur de guérir

Jean-Marie Jadin
Côté divan, côté fauteuil
le psychanalyste à l'œuvre

Pr Daniel Marcelli
La Surprise, chatouille de l'âme
L'Enfant, chef de famille

Fernando Geberovich
Nos satisfaction. Psychanalyse du toxicomane

Cet ouvrage composé
par Nord Compo
a été achevé d'imprimer sur Roto-Page
par l'Imprimerie Floch à Mayenne,
pour les Éditions Albin Michel
en septembre 2003.

N° d'édition : 21947.
N° d'impression : 58044.
Dépôt légal : octobre 2003.
Imprimé en France.